Pareys bunte Gartentips

In der Reihe

Pareys bunte Gartentips

sind bisher erschienen:

R. GARDINER,	So wird der Rasen perfekt
R. GROUNDS,	So schneidet man Zier- und Obstgehölze
R. GROUNDS,	So pflegt man Zimmerpflanzen
R. C. M. WRIGHT,	So vermehrt man Pflanzen im Zimmer, im Garten und im Gewächshaus
R. GENDERS,	So einfach ist der Anbau von Gemüse
F. GLASAU,	So hat man mehr Freude an Rosen
G. FRITZSCHE,	So wächst und blüht es auf dem Balkon
H. KOHSTALL,	Laubgehölze für den Garten
H. KOHSTALL,	So schmückt man Gärten mit immergrünen Laubgehölzen, Rhododendron und Heide
E. STAMM,	Erfolgreiches Gärtnern auf Hochbeeten
A. FÖRSTER,	So wird ein naturgemäßer Gartenteich angelegt
B. ELERS,	So gärtnert man biologisch
M. MÄKELER,	Fruchtbarer Gartenboden durch richtige Bodenpflege und Düngung
H. DOPP,	So pflegt man Kakteen im Zimmer, Gewächshaus und Garten

Die Reihe wird fortgesetzt

Holger Dopp

So pflegt man Kakteen im Zimmer, Gewächshaus und Garten

Aufbau einer Kakteen- und Sukkulentensammlung, Vermehrung und Kultur

Mit 51 Farbabbildungen, 11 Zeichnungen und 2 tabellarischen Übersichten

Verlag Paul Parey · Berlin und Hamburg

Umschlagfoto:
Einer der schönsten und beliebtesten Kakteen überhaupt: *Notocactus haselbergii* aus Rio Grande do Sul. Dort findet man sie in der pampaähnlichen Landschaft auf felsigen Erhebungen zusammen mit einer reichen Flora von Tillandsien, Moosen, Gräsern und niedrigen Sträuchern.
Notocactus haselbergii liebt im Sommer etwas Halbschatten, wobei ständige Sonneneinstrahlung auch nicht schadet, eine gleichbleibende, leichte Feuchtigkeit ohne Staunässe. Im Winter bei etwa 8 bis 10 °C trocken halten. Man verwendet ein überwiegend mineralisches, durchlässiges Substrat ohne lehmige Zusätze.
Bei richtiger Pflege erscheinen die Blüten regelmäßig — sie halten etwa 3 Wochen.

CIP-Titelaufnahme der Deutschen Bibliothek

Dopp, Holger:
So pflegt man Kakteen im Zimmer, Gewächshaus und Garten: Aufbau einer Kakteen- und Sukkulentensammlung, Vermehrung und Kultur
Holger Dopp. — 1. Aufl. —
Berlin; Hamburg: Parey, 1990
(Pareys bunte Gartentips)
ISBN 3-489-63324-5

Abbildungsnachweis:
Fotos vom Verfasser
Zeichnungen von Marianne Merz

Anschriften:
Lindenstraße 44–47, D-1000 Berlin 61;
Spitalerstraße 12, D-2000 Hamburg 1

ISBN 3-489-63324-5 Printed in Germany

Schrift:
Times und Kabel (Siemens-Satzsystem Diacos)

Umschlag:
Buchholz/Hinsch/Heusinger
D-2000 Hamburg 72

Satz und Druck:
Druckerei Georg Appl,
D-8853 Wemding

Bindung:
Buchbinderei Bruno Helm,
D-1000 Berlin 30

Vorwort
oder
»Wie kam's dazu«

Es ist stets die gleiche Prozedur: man sitzt vor einem weißen Blatt und soll ein Vorwort schreiben. Aber wie, bitteschön, fängt man an? Klar und sachlich, oder tiefschürfend und philosophisch? Man überlegt, ob man ins Detail gehen oder ob man nur allgemein das Thema behandeln soll.
Dieses Grübeln lenkte meine Gedanken zwangsläufig an den eigentlichen Beginn meiner Kakteen-Sammelleidenschaft — damals hatte man noch Zeit für andere Dinge.
Mit 7 oder 8 Jahren muß ich wohl den ersten Kaktus erhalten haben und aus der Nachbarschaft sehr wohlmeinend eine Handvoll *Echinopsis*-Kindel. So fing's an!
Als Gymnasiast war ich Stammkunde in verschiedenen Blumengeschäften der näheren Umgebung, so daß zur Verzweiflung der Mutter meine Kakteensammlung rasch und unkontrolliert wuchs. Natürlich gab's auch Rückschläge, und einige Arten gingen auf Grund falscher Pflege den Weg alles Irdischen. Auch das nun beginnende berufliche Engagement bremste das Wachstum der Sammlung, — für kurze Zeit.
Die Wende kam mit dem eigenen Haus und einem entsprechend großdimensionierten Grundstück. Einige Kakteen wuchsen mit zunehmender Erfahrung fast schneller als ich das mittlerweile vorhandene Gewächshaus erweitern konnte. Ein zweites Gewächshaus mußte her, weil der temperierte von dem kalten Bereich getrennt werden sollte. Ein Frühbeet nahm alle jene Arten auf, die man extrem hart halten kann. Eine Freilandanlage beherbergt die winterharten Kakteen und die anderen Sukkulenten.
Korrespondenzen und Freundschaften mit vielen Kakteenfreunden in aller Welt sind ergänzende Basis für ein Fachwissen, das ich immer gerne an andere Kakteenfreunde und vor allem an Anfänger weitergebe. Es bereitet mir große Freude, wenn andere auf Grund meiner Tips und Ratschläge erste Erfolge erringen und dadurch behutsam in das herrliche Freizeithobby des Kakteensammelns einsteigen.
Ich freue mich außerordentlich, daß der Verlag Paul Parey mit diesem Büchlein allen Kakteenfreunden und solchen, die es werden wollen, eine praktische Hilfe zur Verfügung stellt, die knapp, aber mit dem Wesentlichen gespickt, über die Pflege von Kakteen und anderen Sukkulenten berichtet. Daß auf dem zur Verfügung stehenden Raum keine erschöpfende Darstellung des Themas möglich war, dürfte sicher verständlich sein.
Während der notwendigen Vorarbeiten zu diesem Büchlein mußten bedauerlicherweise viele andere wichtige Kontakte zu kurz kommen, ich bitte deshalb hiermit alle Betroffenen um Verständnis und Verzeihung.
Besonders danke ich Herrn Dr. Wilfried Claußen, Verlag Paul Parey, für die gewährte Unterstützung und Beratung während der vielen Monate der Buchzusammenstellung sowie meinem Onkel Günter Sachse für seine guten

und hilfreichen Ratschläge. Zuletzt, aber dafür besonders herzlich, danke ich meiner Frau und meinen Kindern für das außerordentlich große Verständnis, für meine Launen und Schrullen. Ein wenig kommt das Familienleben schon zu kurz, wenn man am Schreibtisch sitzt oder in die Maschine tippt, hinter der Kamera oder in der Dunkelkammer steht, oder im Gewächshaus arbeitet. Dennoch, liebe Kakteenfreunde, die Beschäftigung mit Kakteen und anderen Sukkulenten kann ein unerschöpfliches Hobby für's Leben werden.

Empfingen, im Winter 1989 Holger Dopp

▶

Jardin Exotique in Monaco: Hier wachsen wahre Kakteengiganten unter optimalen klimatischen Bedingungen. Eine Attraktion für jeden Kakteenfreund (siehe auch S. 50).

Inhalt

Vorwort oder **»Wie kam's dazu«** **5**

1
Einleitung **11**

Der Begriff »Sukkulenten« 11 Die Heimat der Kakteen und der anderen Sukkulenten 12 Klimazonen und Klimaverhältnisse an den Heimatstandorten der Sukkulenten 13 Die wissenschaftliche Namensgebung: Nomenklatur 16 Ordnung in der Sammlung: Richtiges Etikettieren 17

2
Pflege **19**

Die idealen Standorte für unsere Sammlung 19 Kakteen im Gewächshaus 19 Kakteen im Frühbeet 20 Kakteen auf dem Balkon oder auf dem Fenstersims 22 Kakteen im Blumenfenster oder auf der Fensterbank 22 Kakteen im Garten 23 Die besten Substrate für Kakteen und andere Sukkulenten 23 Auf das geeignete Gefäß kommt es an 24 Umtopfen ist die halbe Pflege 25 Luft- und Bodenfeuchtigkeit 26 Werden sukkulente Pflanzen gedüngt? 27 Die idealen Temperaturen für Kakteen, für andere Sukkulenten und für Epiphyten 27 Importpflanzen 29

3
Vermehrung von Kakteen **31**

Aussaat 31 Stecklinge und Ableger 32 Pfropfmethoden (die übliche Pfropftechnik 34 Spaltpfropfung 36 Sämlingspfropfung 36)

4
Krankheiten und Schädlinge 37

Tierische Schädlinge 38 (Woll- und Schmierläuse 38 Wurzelläuse 38 Schildläuse 38 Spinnmilben 38 Nematoden 39 Schnecken 39 Keller-, Kugel- und Mauerasseln 39 Trauermücken 39 Blattläuse 39 Weiße Fliege 39) Pilzliche Erkrankungen (*Fusarium*-Fäule und -Welke 41 *Phytophthora*-Fäule 41 *Helminthosporium*-Stammfäule 41 *Rhizoctonia*-Fäule 41 Brennflecken-Krankheit 41 Schwarzfleckenkrankheit 41 Mosaik-Krankheit 41) Andere Erkrankungen (Korkwucherungen 41 Knospenfall und Vertrocknen der Blütenknospen 42 Verbrennen der Epidermis 42 Rötliche Verfärbung der Pflanze 42 Gelbliche Verfärbung der Pflanze 42)

5
Monatlicher Arbeitskalender 44

Von Januar bis Dezember 44

6
Empfehlenswerte Kakteen-Gattungen für den Anfänger 46

Winterharte Kakteen und andere Sukkulenten 48 Herrliche Cristatformen 49

7
Einige der sehenswertesten Kakteensammlungen Europas 50

8
Das Washingtoner Artenschutzabkommen 53

9
Kakteen und andere Sukkulenten für unsere Sammlung 54

Acanthocalycium klimpelianum 54 *Agave victoriae-reginae* 55 *Aporocactus flagelliformis* 55 *Astrophytum myriostigma* 55 *Cleistocactus strausii* 56 *Cochemiea setispina* 57 *Cryptocereus anthonyanus* 58 *Delosperma cooperi* 59 *Echeveria* 59 *Echinocactus grusonii* 60 *Echinocereus pentalophus* var. *procumbens* 61 *Echinocereus salm-dyckianus* 62 *Echinopsis* 63 *Epiphyllum* 64 *Espostoa melanostele* 65 *Graptopetalum bellum* 66 *Gymnocalycium doppianum* 67 *Leuchtenbergia principis* 67 *Lithops* 68 *Lobivia pentlandii* 68 *Mammillaria prolifera* 69 *Melocactus* 70 *Notocactus mueller-moelleri* 70 *Notocactus uebelmannianus* 71 *Opuntia humifusa* 72 *Opuntia leucotricha* 73 *Orostachys spinosus* 74 *Parodia* 74 *Pelecyphora aselliformis* 75 *Rebutia* 75 *Schlumbergera* 76 *Setiechinopsis mirabilis* 77 *Stapelia* 78 *Submatucana paucicostata* 78 *Sulcorebutia verticillacantha* 79 *Thelocactus lophothele* 80

Die wichtigsten Fachausdrücke **81**

Wichtige Adressen für Kakteensammler **84**

Vereine für Kakteenfreunde 84 Wichtige Bezugsquellen für Kakteen und andere Sukkulenten, für Saatgut, Zubehör und Literatur 85

Ergänzende Literatur zum Thema Kakteen und andere Sukkulenten **86**

Verzeichnis der Pflanzennamen **87**

Sachregister **90**

1 Einleitung

Der Begriff »Sukkulenten«

Der botanische Begriff »Sukkulenten« ist abgeleitet von dem lateinischen Wort »succulentus«. Man bezeichnet damit jene Pflanzen, die in der Lage sind, erhebliche Wassermengen in den Blättern, im Stamm oder auch in der Wurzel zu speichern, um somit lange Trockenperioden in den heimatlichen ariden oder semiariden Gebieten problemlos über einen längeren Zeitraum überstehen zu können.

Eine herrliche Mammillaria-*Sammlung!* Mammillaria *sind neben anderen Kakteen der Inbegriff der Sukkulenz. Sie können erhebliche Wassermengen in ihrem fleischigen Gewebe speichern und monatelang ohne nennenswerte Niederschläge problemlos überstehen.*

Zu den sogenannten sukkulenten Pflanzen zählen primär die Cactaceae (Kakteengewächse), die Crassulaceae (Dickblattgewächse), die Aizoaceae sowie viele andere Gattungen und Arten aus den verschiedenen Pflanzenfamilien. Man denke nur an die vielen herrlichen *Gasteria*-Arten, an *Aloë* oder an *Agave* und vor allem an die große Gattung *Euphorbia* des afrikanischen Kontinents.

Sukkulenten sind äußerst anpassungsfähig! Sie haben sich im Laufe ihrer Entwicklung den unterschiedlichsten klimatischen Bedingungen angepaßt und entsprechend ihrer extremen Standorte ganz bestimmte zusätzliche Schutzmöglichkeiten entwickelt. So dient ein mitunter starker weißer Reifbelag auf Blättern oder Stamm als ausgezeichneter Verdunstungsschutz, ebenso wie die dichte Bedornung bei Kakteen, die darüber hinaus sehr sinn- und wirkungsvoll vor Tierfraß schützen kann. Gleichermaßen attraktiv wie wirkungsvoll ist die dichte, weiße Behaarung von einigen Hochgebirgskakteen, die die Pflanzen tagsüber vor allzu starker Erwärmung und vor Verbrennung schützen und in den Nachtstunden vor Unterkühlung oder gar Erfrierungen. Denken wir nur an die vielen herrlichen Xerophyten (Trokkenpflanzen), die sich ausgezeichnet dem Leben in den Trockengebieten dieser Erde angepaßt haben – Gebiete, in denen es nur sehr, sehr selten regnet. Es ist aber nicht möglich, an dieser Stelle auf alle diese xerophytischen Pflanzen einzugehen; die Erwähnung als solche muß genügen. In diesem Büchlein wollen wir lediglich einen Einblick in die großartige Welt der Kakteen und der anderen Sukkulenten geben, die wir in unseren Sammlungen pflegen können.

Die Heimat der Kakteen und der anderen Sukkulenten

Ausschließlich der amerikanische Kontinent ist die Heimat der Kakteen. Mit etwa 53° nördlicher Breite in Kanada bis etwa 49° südlicher Breite in Patagonien erstreckt sich das Vorkommen der Kakteen über mehr als 12 000 km, - eine riesige Strecke, quer durch die unterschiedlichsten Klimazonen. Es versteht sich von selbst, daß sich diese Pflanzen nur behaupten können, indem sie sich ihrer mitunter extremen Umgebung anpassen. Während sich im nördlichen Verbreitungsgebiet der Kakteen nur einige flach auf den Boden geduckte Opuntien vor den grimmigen Temperaturen behaupten können, steigt die Zahl der vorkommenden Arten stetig an, je weiter man nach Süden vordringt. Obwohl Mexiko entwicklungsgeschichtlich als Ausgangspunkt der Kakteenflora angesehen wird, findet man bedeutende Kakteenstandorte ebenso in Argentinien, Peru, Chile, Brasilien, Paraguay, Uruguay, Bolivien usw. Selbst noch in Patagonien, dem äußersten Süden des amerikanischen Kontinentes trifft man auf einige wenige Kakteenarten.
Einer der bedeutendsten Kakteensammler und -forscher unseres Jahrhunderts, Kurt Backeberg, beschreibt die Heimat der Kakteen sehr treffend:
»Von einigen altweltlichen Vertretern aus der Gattung *Rhipsalis* abgesehen, sind die Kakteen Amerikas ureigenste Pflanzen, von Peace in Kanada bis zur Magellanstraße, von den Galapagos-Inseln im Stillen Ozean bis zu dem atlantischen Felseneiland Fernando Noronha. Ob man durch die grasigen Ebenen des Nordens, durch die Urland gebliebenen Gebiete des mittleren Westens und die Einöden der Südstaaten wandert, oder die Gebirgsregionen von Mexiko bis Chile, die Wüsten der pazifischen Südküste, die Pampa Argentiniens und die tropischen oder trockenen Ostbezirke Brasiliens bis hinauf zu den Westindischen Inseln durchstreift, überall da, wo sich die Natur noch ihr ursprüngliches Gesicht bewahrt hat, begegnen dem Reisenden die merkwürdigen Gestalten, die stachligen Gewächse, und nicht selten sind sie es, die den Charakter der Landschaft bestimmen.«
In Kanada findet man außer *Escobaria vivipara* noch verschiedene *Opuntia*-Arten wie z. B. *O. fragilis, O. humifusa* und *O. polyacantha,* während im Süden bei San Juan in Patagonien *Pterocactus australis, Opuntia darwinii* und *Maihuenia patagonica* gedeihen.
Wir wissen nun, daß Kakteen in trocken-heißen Gebieten beheimatet sind. Aber auch im feucht-warmen Amazonastiefland trifft man Kakteen an, ebenso wie in den Eis- und Schneeregionen oberhalb 4000 m. Und in den Staaten Utah, Colorado, Kalifornien und New Mexico können in einigen Gebieten Kakteen monatelang mit Schnee bedeckt sein. Eine unglaubliche Vielfalt!
Aber vergessen wir die anderen Sukkulenten nicht, die sich in ihrer großartigen gestalterischen Vielfalt mit den Kakteen messen können. Grundsätzlich bleibt festzuhalten, daß die anderen Sukkulenten nahezu Weltbewohner sind und einige Arten auf allen Kontinenten anzutreffen sind. In den südafrikanischen Wüsten, der großen und kleinen Karroo, der südlichen Kalahari sowie im eigentlichen Kapland sind sehr viele Sukkulenten beheimatet, die Dank ihrer erstaunlichen Anpassungsfähigkeit diese extremen Trockengebiete besiedeln, bzw. sich dort entwickeln konnten.
Aber auch im trockensten Wüstengebiet Südafrikas, dem gebirgigen Klein-Namaqualand, wachsen in dem rötlich-gelben, verwitterten, harten Schieferboden diverse Aizoaceae, hochsukkulente Crassulaceae und Asclepiadaceae. Auch in Nordafrika, Äthiopien, Madagaskar, auf den Kanarischen Inseln, im Kaukasus, im Tibet, an den Mittelmeerrändern usw. treffen wir teilweise in erstaunlichem Artenreichtum auf die sogenannten anderen Sukkulenten. Und wenn wir wieder an den amerikanischen Kontinent denken, lassen sich zahllose Beispiele nennen, allen voran die wunderschönen *Echeveria* mit mehr als 100 bekannten Arten.

Klimazonen und Klimaverhältnisse an den Heimatstandorten der Sukkulenten

Die Vielfalt der unterschiedlichen Standorte von Kakteen und anderen Sukkulenten entspricht den jeweiligen dort herrschenden Klimaverhältnissen. Man unterscheidet deshalb primär 2 Klimazonen: Trockengebiete mit meist geringsten Niederschlagsmengen und – mit einer Vielzahl an Übergangs- und Zwischenformen – die sogenannten tropischen Regengebiete.

Trockengebiete

Die Niederschläge sind äußerst gering und können mitunter sogar mehrere Jahre nahezu völlig ausbleiben. Vorherrschend sind hier Dornbüsche, Wüsten und Steppen. Dominie-

Süd-Afrika

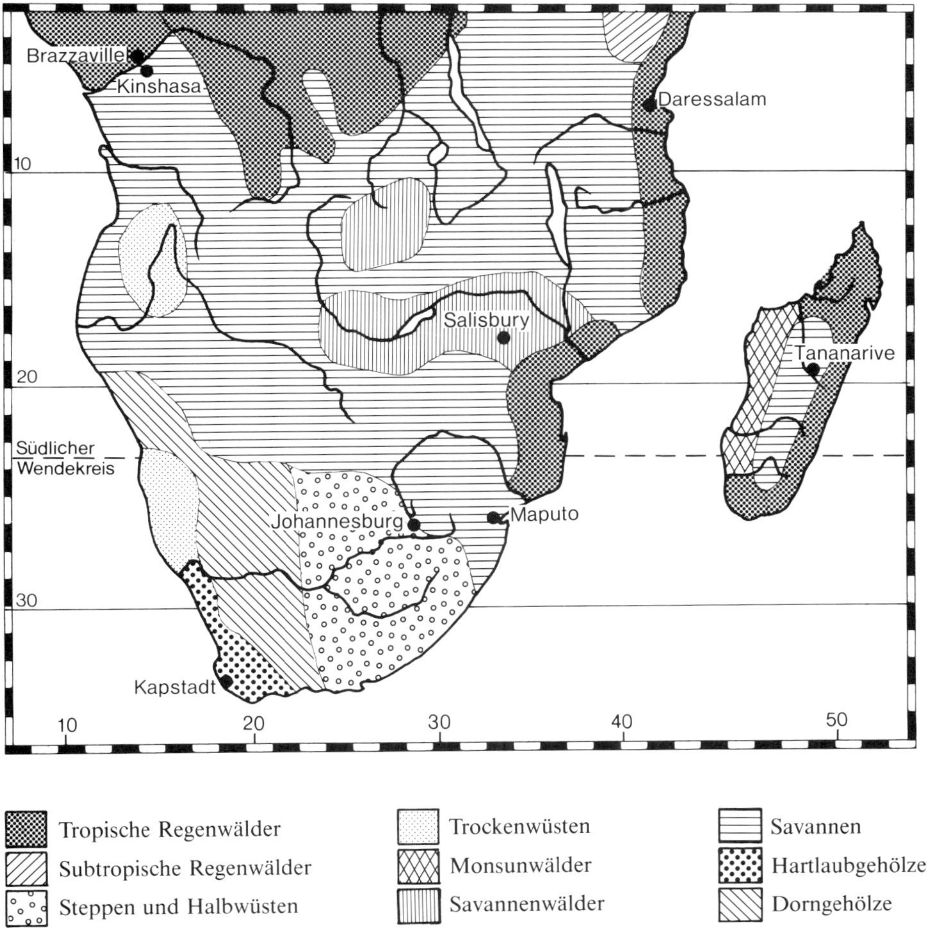

Mittel-Amerika

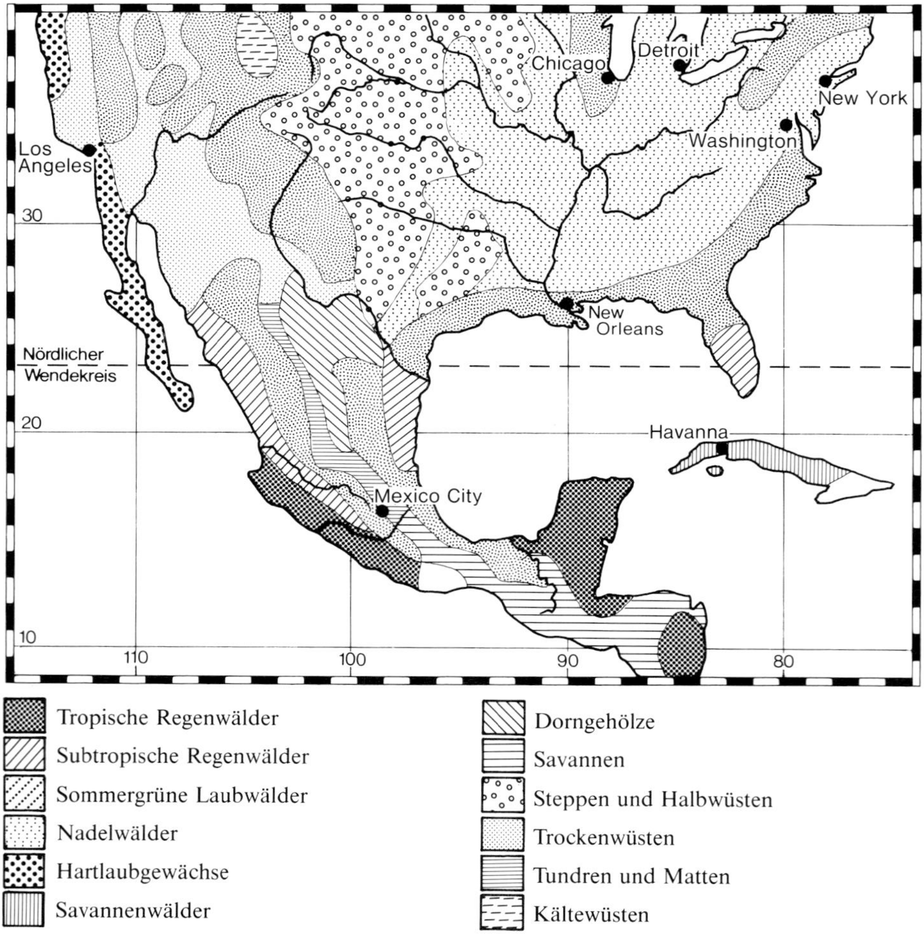

rendes Verbreitungsgebiet von Xerophyten und Kakteen. Erhebliche Temperaturschwankungen zwischen Tag und Nacht führen teilweise zu erhöhter Luftfeuchtigkeit.

Espinal- und/oder Mesquite-Klima

Steppenklima mit heftigen, aber seltenen Sommerregen und totaler Trockenheit im Winter. Die Temperaturen im Sommer liegen zwischen 21–35 °C und im kältesten Monat zwischen 3–21 °C.

Garua-Klima

Vor allem in den wüstenartigen Küstenbereichen von Chile und Peru bilden sich die berühmten, feuchten Garua-Nebel im Winterhalbjahr, während im Hinterland eine totale Trockenheit herrscht. Vergleichbar sind die kli-

Süd-Amerika

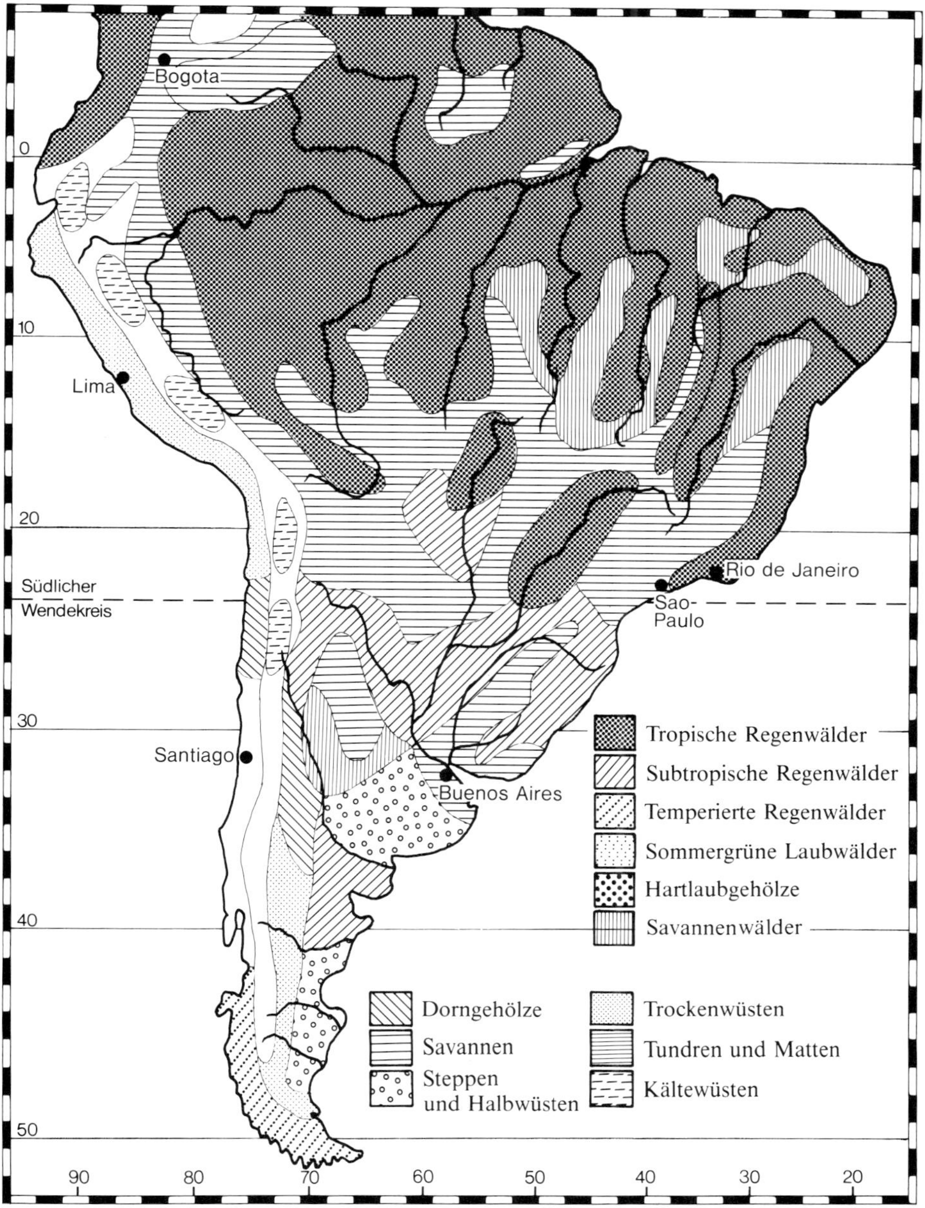

Bogota
Lima
Santiago
Buenos Aires
Rio de Janeiro
Sao-Paulo
Südlicher Wendekreis
0
10
20
30
40
50
90
80
70
60
50
40
30
20
Tropische Regenwälder
Subtropische Regenwälder
Temperierte Regenwälder
Sommergrüne Laubwälder
Hartlaubgehölze
Savannenwälder
Dorngehölze
Savannen
Steppen und Halbwüsten
Trockenwüsten
Tundren und Matten
Kältewüsten

matischen Verhältnisse in den Küstengebieten Südkaliforniens, allerdings mit weniger Nebel. Im Jahresmittel liegen die Temperaturen trotz Äquatornähe etwa um 20 °C – deshalb auch der »ewige Frühling« in Kalifornien.

Gemäßigte, warme Regengebiete

Sogenanntes wintertrockenes Hochsavannenklima herrscht in den baumarmen oder auch baumlosen Hochebenen innerhalb des Wendekreises in Südostbrasilien oberhalb von 1300 m, in Bolivien und in Peru zwischen 2000–3900 m und in Mexiko zwischen 1600–3900 m. Dort blühen die Kakteen meist erst im Spätsommer. In diesen Gebieten treffen wir wohl die meisten Kakteen an.

Tropische Regengebiete

Ausgesprochenes Savannenklima finden wir nicht nur in vielen Gebieten Afrikas, sondern auch in Teilen Argentiniens, Brasiliens, Venezuelas, in El Salvador und Mexiko. Nahezu sämtliche Kakteen dieser Gebiete sind mitunter sehr wärmebedürftig und lieben in der Hauptvegetationszeit kräftige Wassergaben. Die winterliche Trockenruhe ist unbedingt einzuhalten. Die jährlichen Niederschlagsmengen betragen mitunter weniger als 1000 mm.

Im Gegensatz dazu steht das tropische Regenwaldklima, das mit vielen Übergängen vom Monsunwaldklima bis zum Savannenklima keine ausgeprägte Trockenheit aufweist. Der kälteste und der wärmste Monat differieren nur um wenige Grad. Überwiegend trifft man in diesen Gebieten auf enorme Urwälder mit einigen epiphytisch wachsenden Kakteen, rankenden *Cereus* und *Rhipsalis*-Arten.

Die wissenschaftliche Namensgebung: Nomenklatur

Um einen Kaktus oder eine der anderen Sukkulenten richtig pflegen zu können, ist es unerläßlich, daß man weiß, um welche Pflanze es sich handelt. Im Fachhandel erworbene Pflanzen sollten deshalb ein entsprechendes Stecketikett mit Gattungs- und Artnamen tragen. Aber in jeder Sammlung stehen eine Anzahl Kakteen ohne Etikett – wonach richtet man sich also?

Die botanische Nomenklatur ist nicht nur eines der wichtigsten, sondern auch eines der schwierigsten Gebiete der Botanik überhaupt. Nur für ganz wenige Kakteen oder andere Sukkulenten hat man deutsche Bezeichnungen geschaffen, wie z. B. Greisenhaupt für *Espostoa*, Bischofsmütze für *Astrophytum* und Warzenkaktus für *Mammillaria*. Natürlich erkennt man sofort die Ungenauigkeit derartiger pauschaler Bezeichnungen.

Der schwedische Botaniker Carl von Linné, 1707–1778, schuf bereits 1735 das nach ihm benannte »Linnésche System«, in dem er alle damals bekannten Pflanzen nach ihrem äußeren Erscheinungsbild in ein künstliches 24-Klassen-System einordnete.

Adolf Engler, 1844–1930, deutscher Botaniker und 1. Direktor des Berliner Botanischen Gartens, legte eine noch heute gültige Systematik fest, wobei vor allem die Erkenntnisse auf dem Gebiet der stammesgeschichtlichen Entwicklung, der Phylogenie (Entwicklungsgeschichte des Pflanzenreiches), und die daraus resultierenden natürlichen Verwandtschaftsverhältnisse basieren. Dieses System gliedert sich in Abteilung – Klasse – Ordnung – Familie – Gattung – Art. Alle vorstehend genannten systematischen Einheiten können weiter in sogenannte Untereinheiten gegliedert werden.

Sehen wir uns ein Beispiel zur besseren Verdeutlichung an: *Parodia fechseri* Backbg. Der Gattungsname, in diesem Falle *Parodia* wird stets groß geschrieben. Der Anfänger muß als grobe Erkenntnis wissen, daß alle Arten einer Gattung – von diversen Ausnahmen abgesehen – etwa die gleiche Pflege erfordern. Der Artname *fechseri* hinter dem Gattungsnamen wird immer klein geschrieben – in diesem Falle nach dem in Argentinien lebenden Kakteensammler Helmut Fechser benannt. Schließlich folgt noch der Name des Erstbeschreibers dieser Art – hier Kurt Backeberg.

Das hier Gesagte ist natürlich auf das für den Kakteenfreund Wesentliche reduziert, denn zur Nomenklatur ließe sich noch vieles sagen und erklären. Wenn wir feststellen, daß die

Kakteen und die anderen Sukkulenten aus nomenklatorischer Sicht eine recht komplizierte Pflanzengruppe darstellen, so werden wir vielleicht ein wenig resignieren und uns lieber den eigentlichen Pflanzen zuwenden. Verständlich, aber je intensiver Sie sich mit den Kakteen beschäftigen, desto klarer wird Ihnen die Nomenklatur. Wer erfolgreich seine mehr oder weniger bedornten Lieblinge pflegen will, dem bleibt nichts anderes übrig, als sich mit den botanischen Bezeichnungen abzugeben, um schließlich die heimatlichen Standortbedingungen feststellen zu können. Nur auf Grund der genauen botanischen Bezeichnung ist es nämlich möglich, die jeweilige Pflanze in der Fachliteratur zu finden. Nach relativ kurzer Zeit wird man sich über die ersten verdienten Erfolge freuen können!

Ordnung in der Sammlung: Richtiges Etikettieren

Wer mit Freude und besonderer Sorgfalt Kakteen und andere Sukkulenten sammelt, sollte gleich zu Beginn bemüht sein, eine gewisse, notwendige Ordnung in seine Sammlung zu bringen. Man sollte der Einfachheit halber, gewisse Pflegegruppen mit etwa den gleichen Ansprüchen zusammenstellen.

Ernsthafte Kakteenfreunde sorgen deshalb für korrekt beschriftete Stecketiketten, die normalerweise den richtigen botanischen Namen tragen sollten. Selbstverständlich weiß der Autor aus eigener Erfahrung, daß nicht immer die betreffende Pflanze mit der Bezeichnung auf dem Stecketikett identisch ist, – deshalb, Nachschlagen und Überprüfen sollte der gewissenhafte Sammler stets.

Idealerweise verwendet man im Fachhandel erhältliche Kunststoffetiketten, die es auch in verschiedenen Farben gibt. Mit Hilfe jener Farben lassen sich auch ganz bestimmte Pflegegruppen oder Gattungen sichtbar kennzeichnen. So z. B. Kakteen, die im Winter nicht gegossen werden oder besonders viel Licht haben müssen. Beschriften lassen sich diese Kunststoffetiketten mit speziellen licht- und wasserfesten Etikettenstiften oder auch mit einem harten Bleistift. Besonders haltbar ist die Beschriftung mit wetterfester Etikettentusche oder mit speziellen Schreibmaschinenfarbbändern. Für letztere Möglichkeit sind perforierte, aneinanderhängende Etiketten erhältlich.

Wer auf einem solchen nur etwa 12 bis 14 mm breiten Stecketikett außer dem Gattungs- und Artnamen auch die Herkunft, die Blütenfarbe, das Erwerbsdatum, Blütezeit, Düngerhäufigkeit, Schädlingsbekämpfung, Wintertemperatur, usw. angeben will, stellt sehr rasch fest, daß zu einer sinnvollen und zeitsparenden Ordnung innerhalb der Sammlung auch eine kleine praktische Karteikarte mit allen diesen Angaben gehört, sofern die Sammlung noch überschaubar ist. Bei großen Sammlungen kann selbstverständlich nicht für jede Pflanze eine Karteikarte geführt werden. Eine gute, übersichtliche Kakteen-Kartei kann nach Nummern auf den Stecketiketten oder nach Gattungen gegliedert sein, um das rasche Auffinden von bestimmten Informationen zu ermöglichen. Dabei ist es natürlich außerordentlich wichtig, daß man kontinuierlich die Pflanzenkartei auf dem laufenden hält und stets mit den aktuellsten Daten versorgt. Besonders sorgfältige Sammler kleben noch eine gute Farbaufnahme mit auf die jeweilige Karteikarte und ergänzen die Rubrik »Blütenfarbe« durch die exakte Farbangabe. Farbkarten zum Bestimmen der genauen Farbnummer sind im Farbenfachhandel oder als grafisches Zubehör erhältlich. Gute Dienste leistet auch eine Pantone-Farbenkarte, zumal die einzelnen Farbtönungen fein abgestuft sind und deshalb die Blütenfarben gut wiedergegeben werden.

2
Pflege

Die idealen Standorte für unsere Sammlung

Grundsätzlich sollte sich der angehende Kakteenfreund überlegen, welche Kulturbedingungen er seinen Kakteen oder anderen Sukkulenten bieten kann. Gleichzeitig sukkulente Pflanzen aus Südafrika und dem Mittelbrasilianischen Bergland auf einer Fensterbank bei gleicher Pflege zu kultivieren, bringt mit Sicherheit kein befriedigendes Ergebnis. Man konzentriere sich deshalb auf solche Gattungen oder Arten, die man auf Grund der gegebenen Verhältnisse optimal kultivieren kann. Mit Hilfe der notwendigen Fachliteratur und durch eigene Erfahrungen wird man recht schnell gewisse Pflegefehler erkennen und auch abstellen können. Wichtig: Niemals durch kleinere Mißerfolge entmutigen lassen!

Mitunter gedeihen Kakteen und andere Sukkulenten auf einer sonnigen Fensterbank besser, als im Frühbeet oder im Gewächshaus, wenn man die richtig ausgewählten Pflanzen auch artgerecht pflegt. Wer nur wenig Sonne bieten kann, sollte sich nicht auf Kakteen mit besonders hohen Lichtansprüchen konzentrieren, sondern auf solche Arten, die mit weniger Licht zufrieden sind - z. B. *Gymnocalycium*.

Generell ist festzustellen, daß Kakteen und andere Sukkulenten - von Ausnahmen abgesehen - einen sehr hellen, sonnigen Standort mit genügend frischer Luft lieben. Ein ständig zugiger Platz ist unbedingt zu vermeiden. Der beste Standort ist der, an dem sich die Pflanzen wohlfühlen und der die Sammlung auch jederzeit zugänglich macht. Gerade bei Kakteen und Sukkulenten gibt es dafür vielfältige Möglichkeiten.

◄

Cochemiea setispina *ist etwas schwierig in der Kultur, deshalb findet man sie nicht sehr häufig im Handel (siehe auch S. 57).*

Kakteen im Gewächshaus

Es ist beileibe nicht so, daß alle Kakteen gleich gut in einem Gewächshaus gedeihen. Schließlich kommt es darauf an, ob das Gewächshaus voll- oder halbsonnig steht - mit allen Varianten bis hin zum ständigen Schatten. Natürlich sind Kakteen und andere Sukkulenten bis zu einem gewissen Grade anpassungsfähig, doch sollte man unbedingt beachten, daß ein in schattiger Lage stehendes Gewächshaus eher für epiphytisch wachsende Kakteen geeignet ist als für *Melocactus* oder *Astrophytum*.

Dennoch, der Wunschtraum vieler Kakteenfreunde bleibt verständlicherweise das eigene Gewächshaus. Die Industrie bietet zahllose Formen, Größen und Ausführungen, so daß nahezu jeder Gestaltungswunsch berücksichtigt werden kann. Es ist davon auszugehen,

Für die meisten Kakteenfreunde immer noch erstrebenswert: das eigene Gewächshaus. Frei ausgepflanzte Kakteen entwickeln sich dort unter optimalen Bedingungen zu prächtigen Exemplaren, die mitunter nur mit Schere und Säge gebändigt werden können.

Der Autor in seiner Sammlung in Empfingen.

daß ein feuerverzinktes oder aus Aluminiumprofilen errichtetes Gewächshaus mit wärmedämmenden Stegdoppelplatten die besten Voraussetzungen für eine erfolgreiche Kakteenpflege bietet.
Sehr wichtig ist die Möglichkeit zur optimalen Lüftung, ebenso wie eine ausreichende Heizung, - elektrisch oder an die hauseigene Zentralheizung angeschlossen.
Wenn möglich, sollte man die Dimensionen des neuen Gewächshauses so auswählen, daß man ein Erdbeet einrichten kann, das sowohl in der Mitte oder auch seitlich liegen sollte, denn frei ausgepflanzte Kakteen danken es mit einem ausgezeichneten Wachstum und erfreulichem Blütenflor. Man bedenke aber bitte gleichzeitig, daß frei ausgepflanzte Exemplare der Gattungen *Opuntia*, *Agave* oder *Cereus* mitunter beängstigend rasch den einst reichlich bemessenen Raum ausfüllen. Und wie schmerzhaft - in jeder Beziehung - ist es für alle Freunde sukkulenter Pflanzen, wenn man mit Säge oder Beil ein altes Opuntien-Prachtexemplar, das jährlich einige Hundert Blüten produziert, auf erträgliche Dimensionen stutzen muß. Ergo: Vor der Bepflanzung einen genauen Plan ausarbeiten!

Kakteen im Frühbeet

Bereits in einem gut konstruierten Frühbeet läßt sich eine erstaunliche Kakteen- und Sukkulenten-Vielfalt unterbringen. Allerdings muß man unterscheiden zwischen Frühbeeten für die ganzjährige Kultur und Frühbeeten für die Kultur von April bis Oktober.
Frühbeet für die ganzjährige Kultur: Schon die Bauweise ist erheblich massiver mit besserer

Niedrig bleibende Arten fühlen sich in einem Frühbeet wohl, wenn man für viel frische Luft sorgt. Deutlich sind die Aluminium-Schienen für die Abdeckung aus Stegdoppelplatten zu sehen.

Auf jedem sonnigen Fenstersims gedeihen Opuntia- *und* Echinopsis-*Arten prächtig, wenn man in der warmen Jahreszeit für ausreichend Feuchtigkeit sorgt.*

Isolierung und Heizmöglichkeit für ein Erdkabel und/oder Luftraumkabel.
Frühbeet für die Kultur von April bis Oktober: Für diese ausgesprochene Sommerkultur eignen sich recht gut jene Frühbeete, die in großer Zahl im Fachhandel angeboten werden. Eine Zusatzheizung ist nicht notwendig, weil die Pflanzen im Spätherbst wieder ausgeräumt werden.
Bei beiden Frühbeet-Versionen ist enorm wichtig, daß rechtzeitig und ausreichend gelüftet wird, damit die Kakteen keinerlei Verbrennungsschäden erleiden. Bei geschlossenem Frühbeet-Fenster können bei sonnigem Wetter durchaus Temperaturen von 60 °C und mehr erreicht werden, – ein Großteil der Sukkulenten würde diese Temperatur nicht überleben. Deshalb: das Frühbeet mit automatischen Fensterhebern versehen oder die Abdeckung völlig entfernen, wenn es die Witterung zuläßt.
Der Autor dieser Zeilen kann auf etwa 10 Jahre Frühbeetkultur-Erfahrung zurückblicken. In seinem Frühbeet gedeihen nahezu ohne jede Heizung ausgezeichnet z. B. *Lobivia, Echinocereus, Gymnocalycium* und *Rebutia*. Unmittelbar nach den letzten Frösten werden die Deckscheiben völlig entfernt und erst wieder kurz vor den ersten Frösten aufgelegt. Natürlich wird auch bei aufgelegten Deckscheiben in der Übergangszeit kräftig gelüftet! Die Kunststofftöpfe stehen auf einer 10 cm dicken Dränage aus Bims und Lava-Substrat, deshalb wird auch keinerlei Regenschutz im Sommer gegeben. Bei dieser extrem harten Kultur siedeln sich keinerlei Schädlinge an, wie etwa Spinnmilben, Wolläuse oder Schildläuse, nur ab und zu eine Schnecke und etwas Löwenzahn.

Kakteen auf dem Balkon oder auf dem Fenstersims

Gerade Kakteen eignen sich ausgezeichnet dazu, auf einer relativ kleinen Fläche, also auf einem Balkon oder einem Fenstersims, eine überschaubare, interessante Sammlung aufzubauen. Grundvoraussetzung sollte natürlich sein, daß man Pflanzen wählt, die nicht zu groß werden. Selbst so dekorative Pflanzen wie *Opuntia, Agave* oder auch einige Säulenkakteen bleiben nur einige Jahre interessant, weil sie dann auf Grund ihres Gewichtes und ihrer enormen Größe unhandlich werden.
Am besten stellt man eine derartige Sammlung nach optischen und pflegespezifischen Gesichtspunkten zusammen und berücksichtigt dabei gleich den erforderlichen Platzbedarf in der kalten Jahreszeit. Ein Balkongewächshaus hat große Vorteile hinsichtlich Klima und Wärmegarantie, - es wächst aber nicht mit der Sammlung. Handelsübliche Balkonkästen sind sehr handlich und praktisch, wenn man Tontöpfe einfüttert oder die Kakteen frei darin auspflanzt. Selbstverständlich läßt sich eine hübsche Sammlung auch in freistehenden Kunststofftöpfen aufbauen, jedoch je kleiner der Topf, desto rascher trocknet er aus. Vor allem freistehende Tontöpfe trocknen sehr rasch aus, weil sie viel Feuchtigkeit durch die Außenwand verdunsten.
Beachten Sie, daß die Kakteen am besten gedeihen, wenn sie möglichst viel Sonne haben. Ideal sind deshalb nach Süden ausgerichtete Balkone oder Fenster. Aber auch Westfenster eignen sich erheblich besser als Nord- oder Ostfenster.
Kakteen und andere Sukkulenten wollen auch im Winter möglichst hell oder gar sonnig stehen, jedoch frostfrei oder auch etwas temperiert. Dabei ist es keineswegs tragisch, wenn die Tagestemperaturen über 20 °C und die Nachttemperaturen bei 3-5 °C liegen, denn auch am Heimatstandort sind derartige Temperaturdifferenzen üblich.
Wer nur über warme, sehr sonnige Fensterbänke - auch im Winter - verfügt, sollte seine Sammelaktivitäten auf *Sansevieria, Euphorbia, Ferocactus, Melocactus* und *Echinopsis*-Hybriden konzentrieren, die ebenso wie *Epiphyllum*-Arten derart konstant temperierte Standorte mögen.

Kakteen im Blumenfenster oder auf der Fensterbank

Zweifellos werden die meisten Kakteen oder anderen Sukkulenten auf der Fensterbank kultiviert, weil den meisten Kakteenfreunden keine andere Möglichkeit zur Verfügung steht. Aber viele Kakteen sind äußerst robust und vertragen die durch diese Kultur entstehenden Widrigkeiten. Während auf einer Fensterbank die Wintertemperatur durch die darunterliegende Heizung tagsüber relativ hoch sein kann, obwohl die Kakteen bei kühlen Temperaturen ruhen sollten, sinkt die Temperatur bei uns in der sommerlichen Hauptvegetationszeit stark ab, weil die Heizung fehlt. Und da auch die Winterruhe gefehlt hat, leidet die Blühfreudigkeit in hohem Maße. Bei hohen Wintertemperaturen muß man natürlich ebenso gießen wie in der sommerlichen Wachstumsphase. Die Kakteen geraten zwangsläufig aus ihrem Rhythmus. Sie sollten deshalb vor allem die helle, kühle und trockene Winterruhe für die Kakteen einhalten. Vielleicht in der Garage, auf dem Speicher oder auf einer kühlen Fensterbank!
Mit der einseitigen Fensterbankbelichtung werden die meisten Kakteen dagegen ebenso fertig wie mit der trockenen Heizungsluft. Da unsere sukkulenten Pflanzen grundsätzlich sehr viel Licht und Sonne wünschen, sind sehr schattige oder Nordfenster für eine erfolgreiche Pflege weniger geeignet. Wählen Sie deshalb möglichst ein Südwest- oder auch ein Südostfenster. Natürlich eignen sich auch Südfenster ausgezeichnet, doch auf Grund der intensiven Sonneneinstrahlung sollte man möglichst ein wenig schattieren oder die kleineren Töpfe - vor allem aus Ton - in einen größeren Kasten oder in Schalen einfüttern, damit das Erdsubstrat in den kleinen Töpfen nicht zu stark austrocknet. Sehr empfehlenswert: möglichst häufiges Lüften. Sobald die Erde wieder abgetrocknet ist, kräftig Gießen und alle 4 Wo-

chen leicht düngen. In der Ruhezeit (auf der Fensterbank) von Anfang November bis Anfang März halten Sie lediglich das Einfütterungssubstrat leicht feucht. Übertriebene oder gar stauende Nässe schadet zu jeder Jahreszeit!

Herrlich bedornte, winterharte Opuntien für den Steingarten - mit und ohne Blüte stets ein hübscher Blickfang!

Kakteen im Garten

In den letzten Jahren beobachtet man, daß sich in zunehmendem Maße ernsthafte Kakteen- und andere Pflanzenfreunde mit jenen Sukkulenten befassen, die unter mitteleuropäischen Verhältnissen ganzjährig im Freien kultiviert werden können. Bei diesen Kakteen handelt es sich vorwiegend um verschiedene *Opuntia*-Arten, die harte Winter aus ihrer nordamerikanischen Heimat gewöhnt sind. Darüber hinaus eignen sich ausgezeichnet eine ganze Reihe von *Sempervivum*- und *Sedum*-Arten für einen trockenen Steingarten. Wunderhübsch kann eine Anlage mit winterharten Freilandkakteen aussehen und auch entsprechend gut gedeihen, wenn man sich bereits bei der Anlage entscheidet, ob man Regenschutz geben kann oder ob man ganzjährig ohne jeden Regenschutz auskommen möchte.

Eine Pflanzenauswahl für eine Sammlung **ohne Regenschutz:**
- *Opuntia engelmannii* var. *discata*
- *Opuntia humifusa*
- *Opuntia juniperina*
- *Opuntia phaeacantha* mit allen Varietäten
- *Opuntia polyacantha* mit allen Varietäten
- *Opuntia xanthostemma*
- alle *Sempervivum*-Arten
- *Orostachys spinosus*

Eine Pflanzenauswahl für eine Sammlung **mit Regenschutz:**
- Alle oben angeführten Arten sowie
- *Opuntia compressa*
- *Opuntia rhodantha*
- *Neobesseya missouriensis*
- *Neobesseya similis*
- *Echinocereus fendleri*
- *Echinocereus mojavensis*
- *Echinocereus reichenbachii*
- *Echinocereus triglochidiatus*
- *Coryphantha chlorantha*
- *Escobaria vivipara* mit Varietäten

Bei der Anlage eines sinnvollen Sukkulenten-Steingartens ist unbedingt eine vollsonnige Lage notwendig. Optimal ist eine nach Süden abfallende, schattenfreie Lage mit sehr durchlässigem, mineralischem Substrat, denn stehende Nässe wird von den winterharten Kakteen oder anderen harten Sukkulenten nicht vertragen.

Die besten Substrate für Kakteen und andere Sukkulenten

Das »ideale Substrat« kann es verständlicherweise nicht geben. Alle Substratmischungen können nur annähernd den Bodenverhältnissen am natürlichen Standort nachempfunden sein, um ein nach unseren Möglichkeiten optimales Wachstum und Gedeihen zu gewährleisten. Dabei fällt rasch auf, daß viele Kakteenfreunde für die gleichen Pflanzen verschiedene Mischungen empfehlen – mit meist gutem Erfolg. Dies zeigt wieder einmal klar, daß neben der »idealen« Kakteenerde auch andere relevante Faktoren notwendig sind: der richtige Standort, optimales Licht, das passende Pflanzgefäß, überlegtes Gießen, eine gute Dränage und natürlich eine gesunde Pflanze.

Die Böden in den Kakteengebieten sind sandig bis kiesig, lehmig oder tonig. Uns kommt zugute, daß die meisten Kakteen und anderen Sukkulenten aufgrund ihrer extremen Standortverhältnisse sehr anpassungsfähig sind und so manchen Kulturfehler verzeihen. Hüten wir uns jedoch davor, dies zu verallgemeinern!

Im Gartenfachhandel und im Blumengeschäft können wir fertig gemischte Kakteenerde beziehen, die zur Not für *Echinopsis* und *Agaven* verwendet werden kann. Zum sinnvollen Aufbau einer Kakteensammlung ist diese sogenannte »Kakteenerde« jedoch ungeeignet und muß verbessert werden, weil der Torfanteil viel zu hoch ist und weil die notwendigen lehmigen, sandigen und urgesteinhaltigen Bestandteile fehlen.

Der Autor verwendet seit Jahrzehnten eine in ihren Bestandteilen variierte Mischung, die aber als Basis dienen kann.

Für eine kleinere Umtopfaktion reicht folgende Mischung:

- 10 l handelsübliche Kakteenerde
- 1 l ausgesiebte, lehmige Gartenerde
- 1 l weißer Sand
- 1 l zerstoßenes Urgestein (Granit- o. Gneisgrus)
- 1 l zerstoßene Lava, nicht zu grob
- 1 l Bimskies

Diese Bestandteile mit 2 oder 3 Händen zerstoßener Holzkohle gut vermischen. Selbstverständlich kann man den Anteil an Bims oder Lava erheblich erhöhen, je durchlässiger oder mineralischer das Substrat sein muß. Aber in der obigen Erdmischung fühlen sich auch empfindlichere Gattungen wie *Astrophytum* oder *Ariocarpus* wohl, weil das Substrat wasser- und luftdurchlässig ist.

Wer darüber hinaus etwas gegen eventuelle Wurzelschädlinge wie Nematoden oder Wurzelläuse unternehmen möchte, kann seine Erdmischung 60 Min. bei 80–100 °C im Backofen erhitzen, also thermisch behandeln. Sicherer ist es jedoch, die Erde richtig zu dämpfen. Geeignete Dämpfgeräte gibt es im Fachhandel. Lassen Sie die behandelte Erde mindestens 2 Wochen liegen, bevor sie verwendet wird.

Auf das geeignete Gefäß kommt es an!

Im Grunde ist es gleich, ob man für seine sukkulenten Pflanzen einen Ton- oder einen Kunststofftopf verwendet. Viele Kakteenfreunde schwören nach wie vor auf den altbewährten Tontopf, andere finden sehr gute Argumente für den Kunststofftopf, der in seiner viereckigen Version natürlich platzsparender ist. Minitöpfchen – gleich ob aus Ton oder aus Kunststoff – entfernt man am besten sofort aus der Sammlung, denn darin haben Kakteen keine Überlebenschance.

Grundsätzlich verwende ich die sehr stabilen Tontöpfe nur bei größeren Pflanzen ab einem Durchmesser von etwa 15 cm. Alle kleineren Kakteen sitzen in viereckigen Kunststofftöpfen, die ohne Zwischenräume in Schalen oder auf Tischen zur Staubewässerung aufgestellt sind. Die Verdunstung ist bei Kunststofftöpfen verständlicherweise erheblich geringer als bei den herkömmlichen Tontöpfen. Wer dennoch seine Sammlung in kleinen Tontöpfen aufbauen möchte, sollte diese Töpfe in Kästen oder größeren Schalen einfüttern, um die zwangsläufige Verdunstung zu reduzieren, – man erreicht durch das Einfüttern ein erheblich besseres und störungsfreieres Wachstum.

Man muß unbedingt darauf achten, daß sich das Erdreich in den teilweise sehr dunklen Kunststofftöpfen nicht zu stark aufheizt, wenn die Sonne ungehindert auf die Töpfe brennt, man riskiert sonst schwere Wurzelschäden. Es ist deshalb sinnvoll, die Töpfe möglichst eng zu stellen.

Die Frage nach der idealen Topfgröße ist so alt wie die Töpfe selbst. Auch hier kann man lediglich eigene Erfahrungswerte wiedergeben. Sollten Sie umpflanzen, so wählen Sie einen

Recht praktisch sind Vierecktöpfe aus Kunststoff, die sich überaus platzsparend eng aneinander stellen lassen. Aber auch flache Tonschalen, Tontöpfe und Kunststoffkästen lassen sich je nach Platzangebot und Bedarf gut einsetzen.

Topf, der etwa ein Drittel größer ist als der bisherige. Die Pflanzgefäße von Sukkulenten sollten generell so ausgewählt werden, daß die Pflanze ausreichend, aber nicht zu viel Platz hat. Eine walnußgroße *Echinopsis* in einer 30 cm großen Schale wäre nicht sinnvoll! Als Ausnahme gelten in diesem Falle sehr große Kübelpflanzen, z. B. Agaven, die man natürlich nicht alle 2 oder 3 Jahre umtopfen kann. Hier wählt man eine Größe, die aller Voraussicht nach für 8 oder 10 Jahre ausreicht. Darüber hinaus kann man die Wachstumsgeschwindigkeit bei diesen großen, dekorativen Exemplaren auch mit der Düngung entsprechend beeinflussen. Wenn die Pflanzen zu groß und unhandlich werden, muß man schweren Herzens verjüngen, zurückschneiden oder - sofern vorhanden - im Gewächshaus frei auspflanzen.

Wer den Platz zur Verfügung hat, kann selbstverständlich seine Kakteen in Schalen oder Kästen frei auspflanzen. Die Entwicklung der Pflanzen ist vielfach besser, wenn mehrere mit etwa den gleichen Pflegebedingungen zusammengepflanzt werden können.

Umtopfen ist die halbe Pflege

Das gelegentliche Umpflanzen von Kakteen kann ein recht schmerzhaftes Unterfangen sein, man sollte deshalb einige notwendige Vorsichtsmaßnahmen treffen. Aber Not macht erfinderisch, und so hat jeder Kakteenfreund sein eigenes Patent. Große und besonders wehrhafte Exemplare kann man mit einem alten Lederriemen umfassen, kleinere mit einem guten Arbeitshandschuh. Es soll aber auch Kakteenfreunde geben, die mit viel Mut und mit Vertrauen auf ihr persönliches Geschick mit den Fingern zugreifen oder mit Grillzangen oder Pinzetten.

Irgendwann muß jeder Kaktus mal umgetopft werden, sei es, daß er für sein altes Pflanzgefäß zu groß wurde oder daß er sein Wachstum eingestellt hat. Man topft um! Topf, Erde und sonstiges Zubehör wurden zurechtgelegt.

Kunststofftöpfe lassen sich bewegen, dadurch lockert sich die Pflanze, und Tontöpfe werden mit dem oberen Rand nach unten auf eine Tischkante gestoßen bis sich die Pflanze samt Ballen löst. Man lockert den Wurzelballen vorsichtig mit einer Gabel oder einem Holzstab und entfernt die alte verbrauchte Erde. Abgestorbene oder kranke Wurzeln werden abgeschnitten. Achten Sie bei dieser Aktion unbedingt auf evtl. vorhandene und sichtbare Wurzelschädlinge wie Wurzelläuse oder Nematoden. Eventuell muß die Wurzel mit einer Bürste unter fließendem Wasser sorgfältig gereinigt werden. Meistens empfiehlt es sich, die Wurzel total abzuschneiden und die Pflanze neu zu bewurzeln.

Bei größeren Schnittwunden läßt man die Pflanze etwa 2 Wochen auf einem leeren Tontopf abtrocknen, bevor man sie wieder eintopft. Vor dem Eintopfen sorgt man für eine gute Dränage, indem man eine Tonscherbe oder entsprechend größere Steine über das Abzugsloch legt. Ein Abzugsloch sollte stets vorhanden sein! Mit dem Einfüllen des vorbereiteten Substrates (siehe: »Die besten Substrate für Kakteen und andere Sukkulenten«) achtet man darauf, daß möglichst keine Wurzeln geknickt oder eingerissen werden. Leichtes Auf-

Mit einem Lederriemen lassen sich die mitunter kräftig bedornten Kakteen erheblich besser und sicherer umtopfen.

stoßen des gefüllten Topfes und etwas andrükken der oberen Erdschicht genügt.
Hohe Exemplare – wie z. B. Säulenkakteen – sollten in den ersten Monaten eine stabile Stütze erhalten, damit die Pflanze nicht umkippt und dadurch Wurzeln beschädigt werden.
Nach dem Umtopfen wartet man in jedem Falle mindestens eine Woche, bevor man mit dem Gießen beginnt. Eventuell vorhandene Wurzelbeschädigungen können nun noch abheilen. Zu früh angegossene Kakteen können auf Grund nicht beachteter Wurzelbeschädigungen sehr rasch in Fäulnis übergehen. Dadurch verlieren Anfänger oftmals ihre schönsten und wertvollsten Kakteen!

Luft- und Bodenfeuchtigkeit

Man sagt allgemein, daß Kakteen die richtigen Pflanzen für unsere zentralbeheizten Wohnungen mit trockener Luft seien. Das ist natürlich nur bedingt richtig! Selbstverständlich sind Kakteen in Gebieten beheimatet, in denen es mitunter jahrelang kaum regnet und die Luftfeuchtigkeit tagsüber meist sehr niedrig ist. Aber in den Nachtstunden und am frühen Morgen kann die Luftfeuchtigkeit 90% und mehr erreichen, so daß es zur Taubildung kommt. Die Nachttemperaturen sinken in den Wüsten- und Trockengebieten Süd- und Mittel-Amerikas sehr stark ab. Der nahezu regelmäßig auftretende Tau ist für die Kakteen und für andere Sukkulenten vielfach lebensnotwendig. Der Tau sammelt sich auf der Pflanzenoberfläche und der Bedornung und tropft von dort ab. Je nach Intensität wird diese relativ geringe Feuchtigkeit von den flach unter der Erdoberfläche verlaufenden Wurzeln aufgenommen.
Wir können in unseren Wohnungen diesen Tau nur bedingt nachahmen, wenn wir früh morgens oder spät abends mit einer Spritze sehr fein nebeln. Dieser feine Niederschlag muß aber in den ersten Stunden des Tages wieder verdunsten, damit sich bei permanenter Oberflächennässe keine Pilzinfektionen bilden können. Man muß auch unbedingt darauf achten, daß man zum Nebeln nur völlig kalkfreies Wasser oder sauberes Regenwasser verwendet, sonst bilden sich im Laufe der Zeit häßliche Kalkflecken auf den Kakteen.
Zum Thema Bodenfeuchtigkeit hält sich hartnäckig das Gerücht, daß Kakteen angeblich kein Wasser oder nur sehr wenig Feuchtigkeit benötigen. Kakteen und andere Sukkulenten können zwar längere Trockenzeiten überstehen, weil sie in ihrem Gewebe enorme Wassermengen speichern können. Dies bedeutet aber nicht, daß sie kein Wasser benötigen. Kakteen teilen sich die benötigten Wassermengen ungemein ökonomisch ein, um zu überleben. Weiterhin können Kakteen in relativ kurzer Zeit den verbrauchten Wasservorrat wieder ergänzen, – nach einem kurzen, heftigen Regenschauer beispielsweise. Aber am Heimatstandort ist vieles anders, und wir können in unseren Sammlungen nur versuchen, möglichst optimale Bedingungen zu erzeugen.
Grundsätzlich – und von Ausnahmen abgesehen – bleibt festzuhalten, daß man in den Frühjahrsmonaten ab Mitte März nur sehr wenig Wasser gibt. Erst mit dem Einsetzen des

Wachstums ab April/Mai gießt man mehr. In den Sommermonaten und bei entsprechend warmer Witterung kann man bei richtigem, durchlässigem Substrat reichlicher gießen. Wichtig: die Erde immer wieder abtrocknen lassen, denn Kakteen sind keine Sumpfpflanzen und vertragen grundsätzlich keine stauende Nässe. Es sollte uns Kakteenfreunden als Grundsatz dienen: im Zweifel, nicht gießen! Das soll heißen, lieber einmal weniger gießen, als einmal zuviel! Bei kühler Witterung muß das Gießen entsprechend reduziert werden.
Mit dem allgemeinen Wachstumsstopp im Herbst, etwa ab Oktober, schränken wir das Gießen sehr stark ein. Größere Pflanzen werden völlig trocken gehalten und kleinere erhalten nur noch minimale Wassergaben, – je kühler, desto weniger! Es ist absolut normal, daß sukkulente Pflanzen in der winterlichen Ruhezeit etwas schrumpfen und etwas von ihrer gespeicherten Feuchtigkeit aufzehren. Im Frühjahr wird dieser Verlust rasch wieder aufgefüllt, wenn das Wurzelsystem gesund ist.
Und die winterharten Kakteen benötigen im Prinzip überhaupt keine besonderen Maßnahmen oder zusätzliche Wassergaben – die Natur gibt ihnen, was sie benötigen: Sonne, Luft und Feuchtigkeit! Zum richtigen Zeitpunkt!

Werden sukkulente Pflanzen gedüngt?

Da unsere Kakteen – ebenso wie die anderen Sukkulenten – nur alle 2 bis 5 Jahre umgetopft werden, ist eine regelmäßige und sinnvolle Düngung empfehlenswert. Das Erdsubstrat in den kleinen Töpfen ist relativ rasch ausgelaugt, und die Pflanze will dann nicht mehr so recht gedeihen. Dann ist der Zeitpunkt zur zusätzlichen Düngung gekommen.
Geeignet sind sowohl flüssige als auch granulatartige Dünger. Bei Kakteenfreunden am beliebtesten ist die Flüssigdüngung, weil die gelösten Nährstoffe mit dem Gießwasser rasch und zuverlässig an die Wurzeln gelangen und besser von ihnen aufgenommen werden können. Granulatartige Dünger geben ihre Nährstoffe nach und nach ab und besitzen deshalb gewisse Depotwirkung. Man sollte aber unbedingt die vorgegebenen bzw. empfohlenen Verdünnungen oder Gramm-Angaben beachten.
Frisch umgetopfte oder gar kranke, geschwächte Kakteen dürfen nicht gedüngt werden. Die Pflanzen können dann erheblichen Schaden nehmen oder gar eingehen.
Als Faustregel gilt: In der allgemeinen Wachstumszeit – frühestens ab Anfang April – düngt man etwa alle 4 Wochen und gibt die letzte Düngergabe etwa Ende August, damit die Kakteen ihr Wachstum weitgehend eingestellt haben, wenn die Winterruhe aus Temperaturgründen oftmals zwangsweise beginnen muß.
Epiphyllum-Arten und andere epiphytisch wachsende Pflanzen, wie z. B. *Rhipsalis*, die im Winter gerne etwas wärmer stehen wollen, können noch im September gedüngt werden, sofern der Überwinterungsplatz sehr hell und temperiert ist.
Dünger können in den einschlägigen Fachgeschäften in den unterschiedlichsten Ausführungen und Fabrikaten erworben werden. Man sollte jedoch für Kakteen und andere Sukkulenten einen möglichst stickstoffarmen Dünger verwenden, der mit seinen erhöhten Phosphoranteilen die Blühfreudigkeit unserer Kakteen unterstützt.
Organische Dünger, z. B. Guano, haben sich in den letzten Jahren bei der Düngung von Kakteen sehr bewährt, vor allem bei der Düngung von Epiphyten, die mit Guano ausgezeichnet gedeihen.
Winterharte Kakteen werden am besten überhaupt nicht gedüngt; sie danken es mit Robustheit!

Die idealen Temperaturen für Kakteen, für andere Sukkulenten und für Epiphyten

Zugegeben, es ist nicht einfach, die idealen Temperaturen für seine stachligen Pfleglinge einzuhalten, wenn man nur eine zentralbeheizte Fensterbank zur Verfügung hat. Aber an-

Licht- und Temperatur-Skala für Kakteen

Welche Kakteen?	Temperatur und Licht in der Vegetationszeit	Temperatur und Licht in der Ruhezeit	Der beste Platz
Ferocactus, Echinocactus, Espostoa, Melocactus, Discocactus, Astrophytum	Sehr warm und vollsonnig	Temperierte Überwinterung, nicht unter 15 °C, sehr hell	Warmes Gewächshaus, beheizte Fensterbank
Ariocarpus, Turbinicarpus, Thelocactus, Coryphantha, Mammillaria (weiß)	Sehr warm und vollsonnig	Noch temperierte Überwinterung, nicht unter 10 °C, sehr hell	Warmes Gewächshaus, beheiztes Frühbeet, beheizte Fensterbank
Tephrocactus, Echinocereus, Lobivia, Chamaecereus, Rebutia	Sehr warm und vollsonnig	1–8 °C, sehr hell	Gewächshaus, Frühbeet, im Freien
Sulcorebutia, Echinopsis, Neobesseya, Trichocereus, Oroya, Mammillaria	Warm und vollsonnig, gute Lüftung und nächtl. Abkühlung	3–8 °C, sehr hell	Gewächshaus, Frühbeet, Fensterbank, im Freien
Gymnocalycium, Notocactus, Parodia, Copiapoa, Neoporteria, Cleistocactus, Echinofossulocactus	Warm und sonnig, nicht über 33°–36 °C Gute Lüftg, nächtliche Abkühlung	5–10 °C, sehr hell	Gewächshaus, Frühbeet, Fensterbank, im Freien
Epiphyllum, Rhipsalis	Halbschattig, temperiert, nicht über 30 °C	Sehr helle, temperierte Überwinterung, nicht unter 12 °C	Halbschattiges, temp. Gewächshaus, Zimmervitrine, Blumenfenster, Sommer: im Freien

Selbstverständlich kann diese Aufstellung nicht vollständig sein. Sie dient lediglich als erste Hilfestellung bei der groben Einordnung der Licht- und Temperaturanforderungen.

hand meiner Empfehlungen und der folgenden Aufstellung kann man sich überlegen, ob nicht doch eine bessere Plazierung möglich ist. Unter Umständen kann man auch sein angestrebtes Sammelgebiet verändern oder ein klein wenig nach den gegebenen Möglichkeiten ausrichten.

Die Temperaturanforderungen in Verbindung mit der Lichtintensität bei Kakteen sind mit den klimatischen Verhältnissen ihrer natürlichen Verbreitungsgebiete zu begründen. Jene Heimatstandorte sind oftmals gekennzeichnet durch erhebliche Temperaturschwankungen im jahreszeitlichen Zyklus sowie zwischen Tag und Nacht. Kakteen sind aber meist sehr anpassungsfähig – bis zu einem gewissen Grade. Man erreicht deshalb gute Kulturerfolge mit Arten, die sich weitestgehend unseren Klimamöglichkeiten anpassen können. Jene Arten wachsen vom zeitigen Frühjahr bis zum Herbst und ruhen in den lichtarmen Wintermonaten. Nicht so bei einigen Sukkulenten aus dem südafrikanischen Raume, die unbedingt eine Sommer- und Trockenruhe benötigen und in der lichtarmen Jahreszeit sogar möglichst Zusatzbelichtung und Wärme.

Während der Vegetationszeit sind unsere Kakteen sehr wärmeliebend, sind jedoch für eine starke nächtliche Abkühlung – wie sie ja auch an ihren Heimatstandorten vorkommt – dankbar. Eine gute Belüftung von Fensterbänken, Frühbeeten und Gewächshäusern ist deshalb zum Wohlbefinden und Abhärten der Kakteen unerläßlich. Stauende Hitze bei ungelüfteten Frühbeeten kann für viele Kakteen absolut tödlich sein! Der Aufenthalt im Freien mit Sonne, Wind, Regen, Tau und Temperaturschwankungen während der Wachstumszeit begünstigt ein gesundes Wachstum. Ein gutes Beispiel ist der Sommer 1989, der ein optimales Wachstum für die Kakteen brachte.

Im Herbst, mit dem Kürzerwerden der Tage und mit kontinuierlich absinkenden Temperaturen stellen die meisten Kakteen und viele andere Sukkulenten nach und nach ihr Wachstum ein. Grundsätzlich überwintern wir unsere Kakteen sehr hell und trocken, von Ausnahmen abgesehen. Die Temperaturen sollten zwischen 5 und 10 °C liegen. Einige Gattungen (z. B. *Melocactus, Discocactus, Epiphyllum*) haben höhere Temperaturansprüche und wollen nicht unter 15 °C überwintert werden. Im Gegensatz dazu stehen viele Arten, die bei absoluter Trockenheit mit Temperaturen um 0 °C zufrieden sind. Völlig problemlos sind winterharte Kakteen zu überwintern. In der Sammlung des Autors vertragen sie –30 °C!

Importpflanzen

Gewerbliche Sammler haben in den letzten Jahrzehnten rücksichtslos und nur auf Profit bedacht viele Arten an ihren natürlichen Standorten stark gefährdet und mitunter sogar völlig ausgerottet. Die extremen klimatischen Verhältnisse der Heimatstandorte konnten die entnommenen Pflanzen nicht in dem erforderlichen Maße regenerieren. Nicht selten wurden dann die verbliebenen Restpopulationen so gering, daß eine Vermehrung gar nicht mehr möglich war.

Kakteen sind aus ihrer Heimat ein anderes Klima und meist auch einen anderen Vegetationsrhythmus gewöhnt. Vor allem Anfänger oder Kakteenfreunde mit nicht optimalen Kulturbedingungen haben mitunter enorme Schwierigkeiten mit Importpflanzen, die dann sehr häufig nach wenigen Monaten auf dem Kompost landen.

Die meisten der in den letzten Jahrzehnten an den Heimatstandorten gesammelten Importkakteen haben auf Grund von Kulturfehlern und auch durch Transportschäden nicht überlebt. Die Komposthaufen der großen Importeure sprechen eine deutliche Sprache. Der wirkliche Kakteenfreund wird aus Überzeugung der Ausplünderung restlicher Kakteenbestände nicht weiter Vorschub leisten, sondern auf den Erwerb noch so verlockender Importpflanzen verzichten. Man denke in diesem Zusammenhang nur an die bedauernswerten Tillandsien, die auf Steine geklebt in den Blumenfachgeschäften auf Käufer warten. In verschiedenen süd- und mittelamerikanischen Ländern schickt man organisierte Jugendgruppen auf die Bäume, um Jagd auf Tillandsienbestände zu machen. Die meisten gehen bereits auf dem Transport nach Europa ein, und länger als 12 Monate leben die wenigsten.

3 Vermehrung von Kakteen

Aussaat

Für jeden Kakteenfreund ist das Aussäen - die generative Vermehrung - eine überaus interessante Angelegenheit, zumal viele Arten nur noch auf diesem Wege erhältlich sind. Im übrigen ist es sehr informativ, zu verfolgen, wie sich die Kakteen vom winzigen Sämling bis zur erwachsenen Pflanze kontinuierlich verändern. Wer bei der Aussaat einige grundsätzliche Dinge beachtet, erreicht leicht und völlig problemlos den gewünschten Erfolg.
Die Monate Februar bis Mai eignen sich am besten für eine erfolgreiche Aussaat, wie die Erfahrung gezeigt hat. Sehr unterschiedlich ist die Keimdauer. Sie ist abhängig von der Keimtemperatur, vom Alter der Samen und natürlich von der Art. *Astrophytum* z. B. keimen innerhalb von 3 Tagen, während *Opuntia* mitunter 4 bis 5 Wochen benötigen. Die optimalste Keimtemperatur beträgt für Kakteen und für andere Sukkulenten etwa 25-28 °C.
Wie bereiten wir nun eine erfolgreiche Aussaat für Kakteen vor?
1. Zunächst muß das Saatgut gründlich von allen Fruchtfleischresten befreit werden. Dies ist notwendig, wenn man Früchte von eigenen Kakteen geerntet hat.
2. Sehr sauberes, im Fachhandel erworbenes

◄
Im Sommer kann man die herrlichen Blüten von Matucana paucicostata *bewundern (siehe auch S. 30).*

In einem verschlossenen Plastikbeutel keimt das Saatgut ausgezeichnet bei entsprechender Feuchtigkeit, Wärme und ausreichend Licht.

Saatgut kann ohne Beizung verwendet werden. Sicherer ist eine Trocken- oder Naßbeizung. Beizmittel sind im Fachhandel zu beziehen. Der Autor kann jedoch auch auf eine teilweise 100%ige Erfolgsquote ohne jede Beizung verweisen.
3. Grundsätzlich sollte nur im Backofen durch

Das Ergebnis nach 3 Monaten kann sich sehen lassen. Diese Sämlinge sind bereits pikierfähig.

Erhitzen keimfrei gemachtes Aussaatsubstrat verwendet werden. Zu diesem Zweck die Erde etwa 60 Min. auf mindestens 90 bis 100 °C erhitzen und anschließend etwa ein bis zwei Wochen ruhen lassen. Sicherer ist es, die Erde zu dämpfen.

4. Verwenden Sie möglichst ein durchlässiges Gemisch aus 50% handelsüblicher Kakteenerde und 50% mineralischen Zusätzen und einem Teelöffel zerstoßener Holzkohle pro Liter Erde.

5. Geeignet sind flache Schalen aus Ton, kleine Kunststofftöpfe oder Styroporschalen. Wichtig ist, daß alle für die Aussaat verwendeten Behältnisse peinlich sauber sind.

6. Das trockene Saatgut wird auf die Aussaaterde gestreut und leicht angedrückt, aber nicht mit Erde bedeckt, denn Kakteen und andere Sukkulenten sind Lichtkeimer. Licht fördert also dem Keimvorgang!

7. Die Aussaatschale kräftig von unten wässern, damit das meist sehr feine Saatgut nicht weggeschwemmt wird. Das Substrat muß jetzt ständig feucht sein, denn wenn der Keimvorgang durch Trockenheit unterbrochen wird, kann die gesamte Aktion scheitern.

8. Verwenden Sie grundsätzlich sauberes Regenwasser oder abgekochtes Leitungswasser zum Anstauen.

9. Verschließen Sie die Schale oder den Topf mit einer klaren Kunststofftüte, oben zubinden. So bleibt die für die Keimung notwendige feucht-gespannte Luft im Beutel, und Sie brauchen nicht mehr zu gießen, und darüber hinaus kann die Trauermücke nicht eindringen.

10. Achten Sie auf die Einhaltung der idealen Keimtemperatur von 25–28 °C. Bei größeren Aussaaten empfiehlt sich eine Heizplatte oder ein thermostatgesteuertes Heizkabel.

11. Achten Sie ebenfalls auf evtl. Pilzbefall! Vorbeugend alle 14 Tage mit einer 0,05%igen Chinosollösung vorsichtig besprühen. Auch kann die überaus gefährliche etwa 2 mm große Schwarze Trauermücke in kurzer Zeit ganze Aussaaten vernichten. Dann vorsichtig mit einem Insektizid bekämpfen. Genau nach Vorschrift!

12. Nach dem Auflaufen gewöhnen Sie die kleinen Sämlinge langsam an die frische Luft und achten Sie dabei immer wieder darauf, daß die Trauermücke nicht auftaucht. Von Anfang an benötigen die Sämlinge sehr viel Luft und Sonne! Je nach Sämlingsgröße kann man nach 3–4 Monaten in größere Schalen oder Töpfe pikieren. Verwenden Sie dann etwas mineralischeres Substrat.

13. Eine erfolgreiche Aussaat ist im Grunde sehr einfach! Wenn Sie an Ihren Kakteen Fruchtansatz erkennen, dann lassen Sie den Samen an der Pflanze ausreifen und ... probieren Sie's einfach mal!

Stecklinge und Ableger

Die bequemste, einfachste und sicherste Vermehrungsart ist die vegetative Vermehrung – also durch Stecklinge oder Ableger. Natürlich bilden nicht alle Kakteen Seitensprosse oder Ableger. Bei manchen kann man recht einfach Kopfstücke bewurzeln.

1. Die günstigste Zeit für die Gewinnung von Stecklingen oder Seitensprossen sind die Monate März bis August. In dieser Zeit sorgen die Temperaturen für eine problemlosere Bewurzelung.

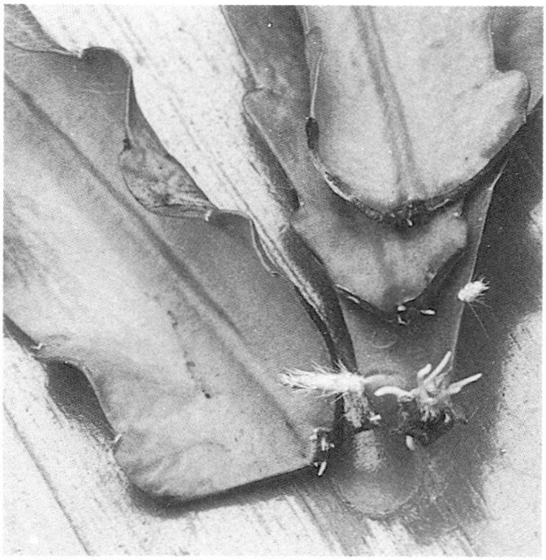

Man erkennt deutlich, daß sich bei den konisch zugeschnittenen Epiphyllum-*Stecklingen erste kleine Wurzeln bilden.*

2. Man wählt grundsätzlich ausgereifte Triebe, sonst kann der Steckling sehr leicht in Fäulnis übergehen. Auch nimmt man nur kräftige Seitensprosse ab, die evtl. bereits Ansätze zur Wurzelbildung zeigen. Kopfstecklinge von Säulenkakteen (*Cereus, Trichocereus* usw.) bilden schneller Wurzeln, wenn sie an der Schnittstelle leicht konisch zugeschnitten werden (siehe Zeichnung).

3. Um Fäulnis während der Trocknungs- und Bewurzelungsphase zu minimieren, taucht

a

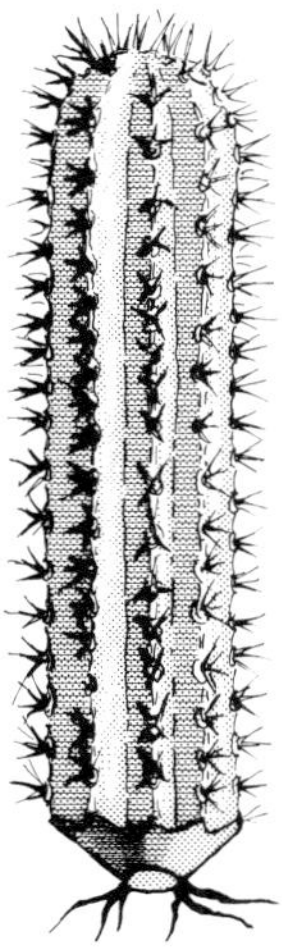

b

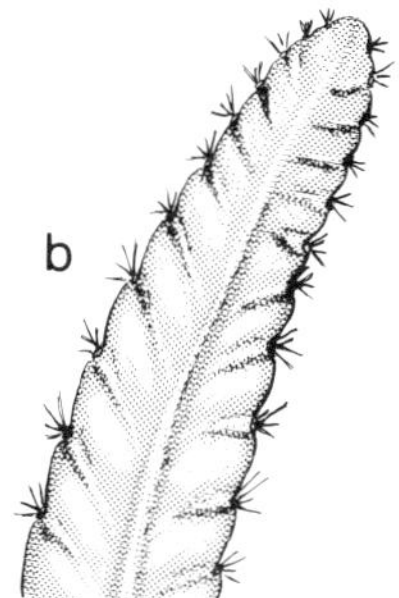

c

Alle frischen Schnittstellen sollten mit Holzkohlepulver eingepudert werden, um Fäulnis zu vermeiden. Alle Stecklinge zur Wurzelbildung stehend aufbewahren. ▼

◄

a *Kopfstecklinge von Säulenkakteen werden seitlich angekantet; die Wurzelbildung erfolgt zentral.*

b Epiphyllum-*Stecklinge werden an der breitesten Stelle konisch zugeschnitten, damit die Wurzelbildung reichlich erfolgt.*

c *Größere* Echinopsis-*Kindel bilden mitunter bereits an der Mutterpflanze Wurzeln und können dann problemlos eingepflanzt werden. Andere Seitensprosse werden abgenommen und zur Wurzelbildung in einen Tontopf auf trockenes, grobes Substrat gesetzt. Nach einigen Wochen bilden sich die Wurzeln.*

man die frische Schnittstelle in Holzkohlepulver. Eine noch raschere Bewurzelung kann erreicht werden, wenn man die Schnittstelle in pulvriges Bewurzelungshormon taucht.
4. Stellen Sie die Stecklinge in leere, luftig aufgestellte Tontöpfe an einen warmen, zugfreien und hellen Platz. Die Schnittstellen dürfen den Boden des Topfes nicht berühren. Nach wenigen Wochen zeigen sich meist schon die ersten Wurzeln.
5. Pflanzen Sie die Stecklinge oder Seitensprosse in trockenes Substrat. Nach etwa 8 Tagen beginnen Sie erst zu gießen, damit sich vorher evtl. entstandene Wurzelverletzungen oder Risse an der Schnittstelle wieder schließen können. Größere Kopfstecklinge setzt man mit stabiler Stütze etwa 3–4 cm tief. Die Stütze muß zur vollständigen Bewurzelung des Kopfstecklings einige Monate erhalten bleiben.
6. Die Stecklingsbewurzelung wird bei Temperaturen nicht unter 22 °C deutlich gefördert.
Im übrigen lassen sich sehr leicht auch die Blätter von verschiedenen Blattsukkulenten (*Echeveria, Crassula, Sedum, Kalanchoë* usw.) bewurzeln.

Pfropfmethoden

Seit man Kakteen sammelt und sich mit den verschiedenen Techniken des Pfropfens befaßt, streitet man über Sinn oder Unsinn des Pfropfens. Um es klar zu sagen: Pfropfen ist absoluter Unsinn, wenn man nicht ein sinnvolles Ziel damit anstrebt. Sinnvoll ist Pfropfen, wenn man
1. sehr schwachwüchsige Kakteen rasch größer ziehen möchte,
2. seltene Arten erhalten und vermehren will,
3. hübsche Cristatformen auf hohen Unterlagen zu imposanten, attraktiven und dekorativen Gebilden heranziehen möchte,
4. Kakteen wegen fehlendem Chlorophyll auf chlorophyllführende Unterlagen pfropfen muß,
5. kleine Sämlinge rasch zum Blühen bringen muß und
6. wenn man wurzelkranke Kakteen auf eine kräftige Unterlage setzen muß, bis die Möglichkeit zur eigenen Wurzelbildung gegeben ist.

Verschiedene Pfropfmethoden

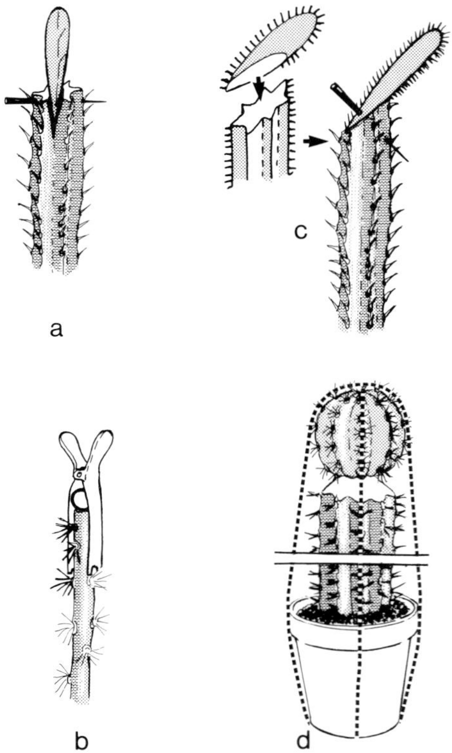

a *Spaltpfropfung*
Befestigung mit Kakteendorn oder mit Wäscheklammer

b *Sämlingspfropfung*
Unterlage: Peireskiopsis. *Befestigung kann mit dünner Metallklammer (Friseurbedarf) erfolgen.*

c *Anplatten*
Befestigung mit Kakteendorn

d *Hauptpfropfmethode*
Kugelförmige oder kurzsäulige Pfröpflinge werden mit 2 dünnen Gummis fixiert.

Man muß berücksichtigen, daß starkwüchsige Unterlagen einen Pfröpfling in Habitus und Verhalten erheblich verändern können. Um dies zu verdeutlichen, hat der Autor den Sämling eines in der Heimat nur etwa 4 cm großen *Gymnocalycium* auf die Spitze von *Selenicereus grandiflorus* gepfropft. Nach etwa 5 Jahren hatte der Sämling einen Durchmesser von nahezu 17 cm erreicht und keinerlei Ähnlichkeit mit der Originalpflanze! Diese Pfropfung war im Grunde sinnlos!

Geeignete Pfropfunterlagen für Tiefpfropfungen, die man möglichst nicht sehen sollte: Echinopsis-Hybriden.

Pfropfunterlagen für Hochpfropfungen: *Cereus jamacaru, Cereus peruvianus, Trichocereus pachanoi, Trichocereus macrogonus, Trichocereus candicans, Trichocereus bridgesii, Eriocereus jusbertii, Eriocereus bonplandii* usw.

Bewährte Pfropfunterlagen für Sämlinge: *Peireskiopsis velutina, Selenicereus grandiflorus, Selenicereus pteranthus, Hylocereus undatus, Hylocereus trigonus, Eriocereus jusbertii* usw. Und winterharte Kakteen lassen sich dauerhaft auf *Opuntia bergeriana* pfropfen.

Cristatformen pfropft man gerne hoch, weil sie dann attraktiver aussehen. Besonders dekorativ ist eine Cristatsammlung, wenn die Unterlagen etwa 1 bis 2 m hoch sind. Herrlich! Als Unterlagen wählt man wüchsige *Cereus* oder *Trichocereus* in Kübeln oder frei ausgepflanzt.

Ganz flache Triebe – *Rhipsalidopsis* oder *Schlumbergera* – eignen sich vorzüglich zur Spaltpfropfung. Als Unterlage haben die besten Voraussetzungen: *Eriocereus bonplandii* und *Eriocereus jusbertii* sowie *Peireskiopsis velutina*.

Nur auf junge Pflanzen oder frische Triebspitzen werden Sämlinge gepfropft.

Die übliche Pfropftechnik

1. Im Prinzip kann man das ganze Jahr über pfropfen, sofern man die entsprechenden Unterlagen besitzt, die natürlich im Trieb sein sollten. Die beste Pfropfzeit ist aber von Anfang April bis etwa Ende August.
2. Die Pfropfunterlage muß im Trieb sein und sollte nach Möglichkeit einen etwas größeren Durchmesser haben als der Pfröpfling.
3. Wir schneiden die Unterlage 3–4 cm unter der Triebspitze waagerecht mit einem ziehenden Schnitt ab. Das Messer muß nicht nur sehr scharf, sondern auch unbedingt sauber sein.
4. Die Kanten der Unterlage werden von der Mitte nach außen leicht abgeschrägt.
5. Jetzt schneidet man den ausgewählten Pfröpfling ebenfalls waagerecht durch und schrägt ihn – falls erforderlich – wie die Unterlage leicht ab, damit sich der Anpreßdruck auf die zur Verfügung stehende Fläche verstärkt.
6. Arbeiten Sie zügig, damit die beiden Schnittstellen nicht abtrocknen oder verschmutzen können. Nach jedem Schnitt ist die Klinge zu reinigen.
7. Setzen Sie nun den Pfröpfling so auf die Unterlage, daß sich die Leitbündel möglichst oft überschneiden.
8. In dieser Position muß nun der Pfröpfling fixiert werden. Am besten spannt man 2 dünne Gummiringe nacheinander von oben über den Pfröpfling und unter dem Topf durch, um für den notwendigen Druck zu sorgen.
9. Die frische Pfropfung warm und hell stellen! Nicht nebeln oder sprühen, aber die Unterlage feucht halten.
10. Nach etwa 2 Wochen können die Gummiringe vorsichtig entfernt werden. Innerhalb von 4 Wochen wird der Pfröpfling durch frisches Wachstum beweisen, daß die Pfropfung gelungen ist.

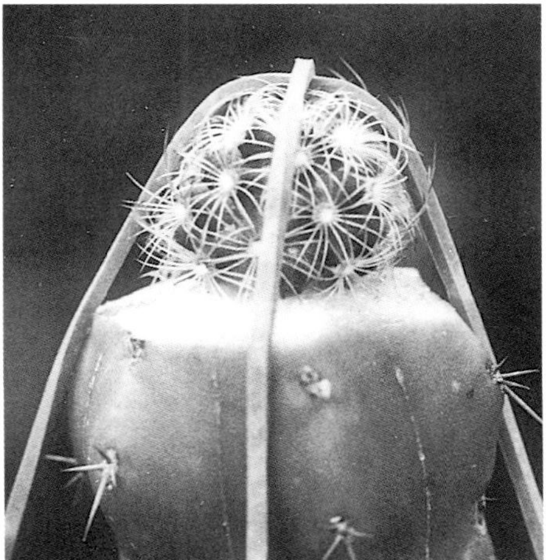

Frische Pfropfung einer Mammillaria elongata *auf* Trichocereus.

Spaltpfropfung

Rhipsalidopsis- oder *Schlumbergera-*Arten werden in einen Spalt gepfropft. Man schneidet aus der waagerecht abgeschnittenen Triebspitze der verbleibenden Unterlage einen sehr dünnen Keil und paßt ein beidseitig angeplattetes Blatt exakt in den Spalt ein. Entweder wird diese Pfropfung mit einem langen, sauberen Kakteenstachel fixiert oder mit einer Wäscheklammer (bei *Peireskiopsis*) zusammengedrückt. Eine weitere Variante ist das seitliche Anplatten von dünntriebigen Pflanzen, wie z. B. bei *Wilcoxia* oder *Aporocactus*.

Sämlingspfropfung

Etwa 2 bis 4 mm große Sämlinge lassen sich sehr leicht auf wüchsige Unterlagen pfropfen. Schneiden Sie die entsprechende Triebspitze waagerecht ab. Mit einer neuen Rasierklinge trennen Sie vorsichtig das untere Drittel des Sämlings ab und setzen ihn auf die Unterlage. Achten Sie darauf, daß der Sämling leicht aus dem Mittelpunkt geschoben ist, damit sich die

Sämlingspfropfung eines Cleistocactus strausii *auf* Peireskiopsis.

Leitbündel auch sicher überschneiden. Oftmals ist eine Befestigung oder Beschwerung gar nicht notwendig, weil die Klebkraft der Pflanzensäfte die beiden Teile zusammenhält.

4
Krankheiten und Schädlinge

Obwohl Kakteen und andere Sukkulenten im Grunde robuste Pflanzen sind, können sie mitunter doch von verschiedenen Krankheiten und Schädlingen befallen werden. Pilzliche Krankheiten oder tierische Schädlinge treten vorwiegend in schlecht oder unzureichend gepflegten Sammlungen auf, aber auch in wirklich gut gepflegten Kakteensammlungen lassen sich Krankheiten und Schädlinge niemals völlig vermeiden. Mitunter kämpft man Jahre vergeblich gegen Krankheiten an, weil man die chemische Keule grundsätzlich vermeiden möchte. Ein durchaus lobenswerter Grundsatz, aber nicht immer sinnvoll!

Mastige Pflanzen, durch übertriebene Düngung verweichlicht, sind ebenso gefährdet wie kränkliche Kakteen. Sukkulenten, die mit viel Licht, frischer Luft und abhärtenden Temperaturgegensätzen – z. B. in einem gut gelüfteten Frühbeet – kultiviert werden, widersetzen sich meist erfolgreich jenen Schädlingen oder Krankheiten.

Berücksichtigen wir, daß wir unsere Kakteensammlung als reine Monokultur betreiben, die zwangsläufig anfälliger gegen Krankheiten und Schädlinge ist, als am Heimatstandort. Unerläßlich ist es, die Sammlung alle 2 Wochen durchzusehen, und dabei auf Veränderungen, Verfärbungen und Wachstumsstockungen zu achten. Bei begründetem Verdacht sollten die betreffenden Kakteen sofort überprüft und evtl. auch ausgetopft werden. Befallene Pflanzen sofort isolieren und behandeln. Auch die Nachbarpflanzen prüfen und möglichst mitbehandeln.

Sehen Sie sich vor allem neuerworbene Kakteen genau an, und halten Sie diese Pflanzen einige Wochen von den anderen getrennt, bis man sicher ist, daß keinerlei Schädlinge, keine Pilze und kein Unkraut in die Sammlung eingeschleppt wurde.

Bei größeren Sammlungen wird sich mitunter der Einsatz von Insektiziden und Fungiziden nicht immer vermeiden lassen. Lagern Sie deshalb jene Präparate kühl, dunkel und vor allem sicher vor Kindern. Beachten Sie unbedingt die auf den Packungen oder Gebrauchsanweisungen angegebenen Verdünnungen und Hinweise, damit nicht auch Ihre Kakteen geschädigt werden. Vermeiden Sie stets den direkten Hautkontakt und das unbewußte Einatmen eventueller Sprühnebel.

Auf den folgenden Seiten setzen wir uns mit den wesentlichsten und häufigsten Schädlingen, Krankheiten und Krankheitsbildern auseinander. Wichtig: Wenden Sie erst dann die geeigneten Maßnahmen an, wenn Sie sich über die Erkrankung oder den Schädling im klaren sind. Jede andere Maßnahme – um mal zu probieren – kann den Totalverlust der betreffenden Pflanze zur Folge haben.

Tierische Schädlinge

Woll- und Schmierläuse

Ein sehr häufiger Schädling, der meist 2–3 mm lang wird. Die mehlig-weißen, mit Wachsausscheidungen geschützten Schmierläuse bewegen sich sehr langsam, aber sichtbar über die Pflanze oder sitzen bewegungslos in Scheitelnähe, an Neutrieben, unter Seitensprossen. Wolläuse befallen sowohl Kakteen als auch andere Sukkulenten und schädigen die Pflanzen durch ihre permanente Saugtätigkeit im Bereich der zarten Zellpartien. Ihre Eier legen die Wolläuse in kleine weiße, durch Wachsfäden geschützte Kokons ab. Auf den klebrigen Honig-Absonderungen – bei Ameisen sehr beliebt – können sich später mitunter Rußtau-Pilze ansiedeln, – die Kakteen sehen dann wie mit Holzkohlestaub überpudert aus.

Bekämpfung: Mit den heutigen im Fachhandel erhältlichen organischen Phosphorverbindungen ist eine Bekämpfung möglich, aber nicht immer erfolgreich. Damit die Spritzlösung durch die Wachsausscheidungen der Wolläuse dringt, sollte man ein haushaltsübliches Spülmittel – auf 10 l etwa 5 ml – zusetzen. Sämtliche Pflanzenteile müssen gut benetzt werden, und die Spritzung ist nach 10 Tagen zu wiederholen, um nachträglich geschlüpfte Jungtiere ebenfalls zu vernichten.

Robuste Kakteen, wie z. B. *Echinopsis* können mit einem harten Wasserstrahl in 8–10tägigen Abständen abgespritzt werden.

Wurzelläuse

Die etwa 1–2 mm großen Tiere leben an den Wurzeln der Kakteen. Meist stellen die befallenen Pflanzen das Wachstum ein und verfärben sich etwas gelblich. Nun ist es höchste Zeit, die Pflanze auszutopfen und die Wurzel zu überprüfen. Die kreidig-weißen Tiere bewegen sich sehr langsam auf den wie angeschimmelt aussehenden befallenen Stellen. Wurzelläuse bevorzugen trockene Substrate und vermehren sich deshalb während der Ruhezeit der Sukkulenten, im Winter, besonders stark.

Bekämpfung: Die beste Methode ist, die Pflanze auszutopfen, sämtliche Erde zu entfernen, die Wurzel mit einem harten Wasserstrahl abzuspritzen, anschließend in ein entsprechendes chemisches Mittel einzutauchen und trocknen zu lassen. Nach 14 Tagen empfiehlt sich ein nochmaliges Tauchbad der ausgetopften Pflanze. Selbstverständlich muß auch der Topf gründlich gereinigt werden. Bei größeren Sammlungen kann auch mit geeigneten Präparaten gegossen werden. Diese Behandlung sollte man im Abstand von 14 Tagen mit einem anderen Präparat wiederholen, damit auch nachträglich geschlüpfte Jungtiere erfaßt werden, und um einer möglichen Resistenz vorzubeugen.

Schildläuse

Diese Schädlinge können besonders hartnäkkig sein, weil sie durch ihr Deckelschild vor der Einwirkung der Schädlingsbekämpfungsmittel sehr gut geschützt sind. Häufig sind Schildläuse auf *Opuntia-* und *Epiphyllum*-Arten, Agaven und diversen Kakteen zu beobachten, während andere Arten überhaupt nicht befallen werden. Jungtiere sitzen oftmals zusammen mit den alten Tieren unter dem Schild und sind deshalb schwierig zu bekämpfen.

Bekämpfung: Geeignet sind vor allem systemisch wirkende Insektizide. Bei geringem Befall oder nur bei wenigen Pflanzen sollte man mit einem Hölzchen oder einer alten Zahnbürste die Schilder des Schädlings anheben, damit der Erfolg nachhaltiger ist. Bei starkem Befall in einer großen Sammlung muß mehrfach mit einem systemischen Mittel gegossen werden.

Spinnmilben

Ein sehr gefährlicher Schädling, der auch als »Rote Spinne« bezeichnet wird. Ein Befall ist häufig erst dann zu erkennen, wenn diese saugende Milbe das Blattgrün zerstört und sich das äußere Gewebe in der Nähe des Scheitels fleckig verfärbt hat. Nur mit einer Lupe lassen sich die rötlichen, etwa 0,3 mm großen Milben beobachten. Sie bewegen sich sehr langsam und sollten deshalb nicht mit der sehr nützlichen echten Roten Spinne, die sich rasch auf Mauern, Steinen und Fensterbänken bewegt, verwechselt werden, die zudem mit knapp 1 mm Körperlänge erheblich größer ist. In der trockenen Luft der Wintermonate kann sich die Spinnmilbe unglaublich verbreiten. Aber

auch im Sommer ist eine Sammlung vor der Spinnmilbe niemals sicher. Dieser Schädling kann mit der Luft von irgend einer Wirtspflanze in die Sammlung geweht werden.
Bekämpfung: Bei Befall muß im Abstand von 10–12 Tagen wiederholt gespritzt werden. Wichtig: die Bekämpfung muß durchdringend sein, und alle Pflanzenteile müssen benetzt werden. Um einer Resistenz vorzubeugen, sollten wechselweise verschiedene Präparate eingesetzt werden. Man muß in jedem Falle ein akarizides (milbentötendes) Präparat verwenden.

Nematoden

Immer wieder treten in Kakteensammlungen Nematoden (Wurzelälchen) in erheblichem Umfange auf. Die befallenen Pflanzen kränkeln und gehen nicht selten ein, weil die geschädigten Wurzeln nicht mehr genügend Nährstoffe aufnehmen können. Die Wurzeln der befallenen Kakteen zeigen knotige, gallenartige Anschwellungen, die sehr unterschiedlich sein können. Sämtliche Wurzelteile unterhalb dieser Gallen faulen innerhalb weniger Monate ab. Eine einzige verseuchte Pflanze kann durch die frei wandernden etwa 0,5–1 mm langen, farblosen, fadenförmigen Älchen eine komplette Sammlung infizieren. Die gelben, etwa 1 mm großen, runden oder ovalen Zysten befinden sich meist in großer Anzahl an der Topfunterseite. Eine Bekämpfung der abgekapselten Zysten ist nur sehr schwer möglich.
Bekämpfung: Zur nachhaltigen Bekämpfung von Nematoden können Nematizide eingesetzt werden. Die mehrfache Anwendung, in wechselweise 14tägigem Abstand, bringt gute Erfolge. Sehr wichtig ist das gründliche Durchgießen der gesamten Sammlung.

Schnecken

Besonders jene Kakteen und andere Sukkulenten, die im Freien oder in Frühbeeten gepflegt werden, können durch Schneckenfraß erheblich geschädigt werden. Vor allem jüngere Pflanzen, weichfleischige Sukkulenten und Blütenknospen von allen Gattungen und Arten, werden nicht nur von Nackt-, sondern auch von Gehäuseschnecken bevorzugt.
Bekämpfung: Natürlich lassen sich die Schnekken nachhaltig und wirkungsvoll mit den unterschiedlichen Arten von Schneckenkorn vernichten. Der Autor bevorzugt jedoch die gelegentliche nächtliche Schneckenjagd mit Taschenlampe und Schere – mit bestem Erfolg. Die Schnecken tauchen nur noch vereinzelt in der Sammlung auf, und die Fraßschäden gehen drastisch zurück. Darüber hinaus sollte man bedenken, daß die durch Schneckenkorn getöteten Schnecken auch jene Igel töten, die sie fressen.

Keller-, Kugel- und Mauerasseln

Sie spielen im Grunde eine völlig unbedeutende Rolle, wenn man die durch sie angerichteten Fraßschäden mit denen anderer Schädlinge vergleicht. Ihre nächtlichen Streifzüge konzentrieren die Asseln auf zersetzende, organische Stoffe, gelegentlich gehen sie auch an zarte Sämlinge oder weichfleischige Triebspitzen.
Bekämpfung: Als Köder legen Sie einige ausgehöhlte Kartoffeln in die Sammlung und fangen morgens die Asseln ein.

Trauermücken

Die etwa 1–2 mm lange schwarze Fliege trifft man sehr häufig bei warmem, feuchten Wetter auf dem Erdsubstrat rasch umherhuschend an. Ihre nur 1–2 mm langen, farblosen Larven saugen vor allem Sämlinge aus und können in kürzester Zeit eine komplette Aussaat vollständig vernichten, zumal sich an den Fraßstellen mitunter auch noch Fusariumfäule bildet.
Bekämpfung: Wie bei Wurzelläusen!

Blattläuse

Sie treten mitunter an Blütenknospen oder frischen Triebspitzen von Kakteen und anderen Sukkulenten auf. Man bekämpft sie mit einem kräftigen Wasserstrahl, sofern man die Pflanze dadurch nicht beschädigt, oder mit ganz gering giftigen Insektiziden, die gespritzt werden.

Weiße Fliege

Hartnäckiger Schädling, der meist aber nur blatttragende Pflanzen befällt, wie z. B. *Euphorbia*, *Peireskia*, *Senecio*, *Crassula* und *Pelargonium*. Bei Befall kann mit ständig wechseln-

den Präparaten mehrfach in etwa 4- bis 5tägigen Abständen gründlich gespritzt oder auch mit Nebeldosen bekämpft werden (nur in geschlossenen Gewächshäusern!).

Pilzliche Erkrankungen

Fusarium-Fäule und -Welke

Der Pilz wandert über die Wurzel in die Leitbündel bis in die Sproßspitzen. Man erkennt den Befall an den bräunlich-gelblichen, eingefallenen, auch leicht geschrumpften Sproßspitzen und - bei durchgeschnittener Pflanze - an den rotbraun gefärbten Leitbündeln.
Bekämpfung: Befallene Pflanzen mit Erde vernichten. Künftig auf Sauberkeit achten, Töpfe reinigen, nur gedämpfte Erde verwenden. Umgebung befallener Pflanzen mit einem geeigneten Fungizid gießen.

Phytophthora-Fäule

Ein Naßfäuleerreger, der von bereits verseuchter Erde die Wurzeln befällt. Die Pflanzen werden matschig und lösen sich völlig auf.
Bekämpfung: Befallene Pflanzen mit Erde vernichten, künftig sauberer arbeiten, Töpfe reinigen, nur gedämpfte Erde verwenden, Pflanzen etwas trockener halten. Umgebung befallener Pflanzen mit geeignetem Fungizid gießen.

Helminthosporium-Stammfäule

Sämlinge schrumpfen mumienartig zusammen. Innerhalb weniger Tage können ganze Saatschalen vernichtet sein. Erreger wurde mit Samen eingeschleppt. Olivfarbener Sporenbelag ist typisch! Hohe Luftfeuchtigkeit bei niedrigen Temperaturen begünstigt das Auftreten.
Bekämpfung: Erkrankte Sämlinge vernichten und gesunde in frisches, gedämpftes Substrat setzen. Saatgut beizen. Bei großem Befallsdruck in 14tägigem Abstand vorbeugend mit geeignetem Fungizid gießen.

◄
Zart wie Filigran, die nächtlichen Blüten von Setiechinopsis mirabilis *(siehe auch S. 77).*

Rhizoctonia-Fäule

Sämlinge werden glasig und fallen zusammen - nur die Haut bleibt übrig. Vor allem bei zu viel Nässe und kühlem Standort.
Bekämpfung: Noch nicht befallene Pflanzen in frische, gedämpfte Erde setzen und nach einer Woche mit einem geeigneten Fungizid gießen. Saatgut beizen.

Brennflecken-Krankheit

Meist kreisrunde, etwas eingesunkene, bräunliche Flecken, - vor allem bei *Opuntia, Cereus* und *Echinopsis*. Die befallenen Stellen werden hart und borkig.
Bekämpfung: Bei leichtem Befall kranke Teile mit dem Messer herausschneiden und mit Holzkohle auspudern. Starken Befall bekämpft man mit geeigneten Fungiziden. Allerdings geht an dieser Krankheit selten ein Kaktus ein!

Schwarzflecken-Krankheit

Hohe Luftfeuchtigkeit in der kühlen Jahreszeit kann diese Pilzerkrankung bei überdüngten *Mammillaria, Parodia, Trichocereus* und Epiphyllum-Hybriden auslösen.
Bekämpfung: Geringere Luftfeuchtigkeit, höhere Temperaturen, nicht gießen! Chemische Bekämpfung wenig sinnvoll! Bei leichtem Befall die erkrankten Teile abschneiden und mit Holzkohle abpudern. Bei schwerem Befall die Pflanze vernichten.

Mosaik-Krankheit

Gelbliche, etwas eingesunkene Flecken auf den Gliedern von *Epiphyllum, Rhipsalidopsis, Schlumbergera* u. a. Befallene Pflanzen wachsen und blühen schlecht und sollten vernichtet werden. Evtl. lassen sich aus nicht befallenen Stecklingen wieder gesunde Pflanzen ziehen.

Andere Erkrankungen

Korkwucherungen

Bei einigen Arten typische Alterserscheinungen. Kann auch durch zu hohe Luftfeuchtigkeit im Winter und evtl. durch falsche Düngung entstehen. Besonders häufig bei *Opuntia, Echinopsis* und *Epiphyllum*.

Knospenfall und Vertrocknen von Blütenknospen

Vor allem bei *Epiphyllum* und *Schlumbergera* durch Standortwechsel, Trockenheit, Nährstoffmangel, trockene Luft und zu große Temperaturschwankungen.

Verbrennen der Epidermis

Nach langer lichtarmer Überwinterung sollten Kakteen im Frühjahr nur schattiert ins Freie gestellt oder eine trübe Wetterphase abgewartet werden.

Rötliche Verfärbung der Pflanze

Zu intensive Sonneneinstrahlung bei gleichzeitiger Wasserknappheit. Kann auch auf Wurzelschaden hindeuten.

Gelbliche Verfärbung der Pflanze

Alkalische Kultursubstrate oder evtl. Eisenmangel. Die Wurzeln zerfallen, Triebspitzen trocknen ein. Rasches Umtopfen in frische Erde, schattieren, vorsichtig von unten wässern.

▶
Der »Asselkaktus« liebt ganzjährig einen sehr sonnigen Standort (siehe auch S. 75).

5 Monatlicher Arbeitskalender

Januar
Die meisten Kakteen befinden sich an einem hellen, kühlen Standort in Winterruhe. In 14tägigem Abstand nur jenen Kakteen etwas Wasser in den Untersatz gießen, die auf einer beheizten Fensterbank stehen. Bei etwa 15 °C überwintern *Epiphyllum, Melocactus* und *Discocactus,* sowie verschiedene südafrikanische Sukkulenten wie z. B. *Conophytum.* Auf tierische oder pilzliche Schädlinge achten. Samen bestellen.

Februar
Weiterhin Ruhezeit! An milden, sonnigen Tagen lüften. Bei guter Heizmöglichkeit kann bereits ausgesät werden. Keimtemperatur: bei 25 °C. Samen beizen!

März
An sonnigen Tagen mit sehr warmem, kalkfreien Wasser kräftig nebeln. Außer bei *Lobivia* und *Echinocereus* die Wassergaben zum Monatsende etwas steigern. Erste Umpflanzaktionen. Der erste Neutrieb zeigt, daß die Ruhezeit langsam zu Ende geht. Kräftig lüften. Erste Schädlingsbekämpfungsmaßnahmen. Winterharte Kakteen prüfen und evtl. verfaulte Opuntienblätter entfernen.

April
Bei warmem Wetter gießen und erste Düngergaben verabreichen. Ab und zu mit temperiertem Wasser überbrausen. Aussäen und Stecklingsvermehrung. Umtopfzeit! Reichlich lüften. Robuste Arten können bereits ins Freie: *Agave, Opuntia, Echinocereus, Lobivia.* Anfangs schattieren. Auf Fröste achten!

Mai
Ab Monatsmitte Kakteen und andere Sukkulenten ins Sommerquartier einräumen. Auch auf Fensterbank oder Balkon anfangs schattieren. Gewächshäuser und Frühbeete reichlich lüften! Kleinere Töpfe dürfen nicht austrocknen!

Juni
Bei warmem Wetter reichlich gießen und nach Vorschrift düngen. Winterharte Kakteen verpflanzen oder durch Stecklinge vermehren. Pfropfungen wachsen bei warmem Wetter besser an! Stets auf Schädlingsbefall achten!

Juli
Wie im Vormonat. Beachten Sie, daß einige Arten ab Ende Juli eine kleine Ruhezeit einlegen, z. B. *Schlumbergera.*

August
Wie im Juni. Pfropfung noch möglich. *Schlumbergera* hat noch Ruhezeit. Ernte der ersten reifen Kakteenfrüchte. Samen entnehmen und in beschrifteter Tüte aufbewahren.

September
Ab Monatsmitte Gießen reduzieren und Dün-

gen einstellen. Viel lüften. Letzte Chance für eine umfassende Schädlingsbekämpfungsaktion. Kakteenfrüchte ernten.

Oktober

Alle Kakteen und anderen Sukkulenten nur noch minimal gießen. Pflanzen im Freien Regenschutz geben. Frühbeet abdecken, aber ständig lüften. Bei winterharten Kakteen Unkraut entfernen. Zum Monatsende werden empfindliche Pflanzen ins Winterquartier eingeräumt, auf Schneckenbefall überprüfen.

November

Viel Licht und frische Luft geben! Alle Kakteen trocken halten, außer *Epiphyllum, Rhipsalis* und *Schlumbergera. Melocactus* etwas wärmer halten. Weihnachtskakteen sollten Knospen zeigen, leicht feucht halten, Standort nicht mehr verändern. Alle Kakteen sollten jetzt im Winterquartier sehr hell und luftig stehen. Winterharte Kakteen bleiben - je nach Arten - mit oder ohne Regenschutz im Freien!

Dezember

Mit Ausnahme des Weihnachtskaktus, von *Epiphyllum*- und *Rhipsalis*-Arten werden alle anderen trocken und kühl gehalten. *Melocactus* ebenfalls etwas wärmer halten. Leichtes Schrumpfen der anderen Kakteen ist normal. Möglichst oft lüften. Geerntetes Saatgut sortieren, beschriften, bis Februar aufbewahren. Regelmäßig auf Schädlinge achten. Befallene Pflanzen separat stellen.

6
Empfehlenswerte Kakteen-Gattungen für den Anfänger

Im allgemeinen beginnt eine intensive Kakteen-Leidenschaft mit einigen geschenkten Ablegern oder man übernimmt bereits einige ältere *Echinopsis*. Irgendwann sammelt man alle Kakteen, die einem gefallen oder die zum Zeitpunkt des Erwerbs so schön blühen. Wie groß ist die Enttäuschung, wenn sich dann nach einigen Monaten so manche Pflanze plötzlich wieder verabschiedet. Ärger und Frust stellen sich zwangsläufig ein.

Prüfen Sie deshalb, welche Kulturbedingungen Sie Ihren Kakteen bieten können, wie groß die Sammlung werden darf, ob Sie auch größere Pflanzen sinnvoll unterbringen können und ob man sich nicht lieber gleich auf pflegeleichte Arten konzentrieren sollte.

Agave victoriae-reginae, *eine der schönsten Agaven, die sich ausgezeichnet für kleinere Sammlungen eignet (siehe auch S. 55).*

Hier eine Auswahl verhältnismäßig einfach kultivierbarer Gattungen in Stichworten
(Symbole: S für Sommer, W für Winter, i. F. = im Freien):

Acanthocalycium:	Argentinien;	S: sonnig, i. F.;	W: kühl, trocken, hell.
Aporocactus:	Mexiko;	S: halbschattig, i. F.;	W: warm, hell, wenig gießen.
Astrophytum:	Mexiko;	S: sonnig;	W: hell, temperiert, trocken.
Rebutia:	Argentinien, Bolivien;	S: sonnig, i. F.;	W: hell, kühl, trocken.
Borzicactus:	Bolivien;	S: sonnig, i. F.;	W: hell, temperiert, wenig gießen.
Cereus:	Südamerika;	S: sonnig, i. F.;	W: hell, kühl, trocken.
Chamaecereus:	Argentinien;	S: sonnig, i. F.;	W: hell, kühl, trocken.
Cleistocactus:	Südamerika;	S: sonnig, i. F.;	W: hell, kühl, wenig gießen.
Opuntia:	Mexiko, USA;	S: sonnig, i. F.;	W: hell, kühl, trocken.
Echinocactus:	Mexiko, USA;	S: sonnig;	W: hell, temperiert, wenig gießen.
Echinocereus:	Mexiko, USA;	S: sonnig, i. F.;	W: hell, kühl, trocken.
Echinofossulocactus:	Mexiko;	S: sonnig;	W: hell, kühl, trocken.
Echinopsis:	Südamerika;	S: sonnig, i. F.;	W: hell, kühl, trocken.
Epiphyllum:	Südamerika;	S: halbschattig;	W: warm, hell, wenig gießen.
Eriocereus:	Südamerika;	S: sonnig;	W: hell, temperiert, wenig gießen.
Ferocactus:	Südamerika;	S: sonnig;	W: hell, temperiert, wenig gießen.
Frailea:	Südamerika;	S: sonnig;	W: hell, kühl, trocken.
Gymnocalycium:	Südamerika;	S: halbschattig;	W: hell, kühl, trocken.
Haageocereus:	Peru, Chile;	S: sonnig, i. F.;	W: hell, temperiert, wenig gießen.
Hylocereus:	Südamerika;	S: halbschattig;	W: hell, warm, wenig gießen.
Lobivia:	Südamerika;	S: sonnig, i. F.;	W: hell, kühl, trocken.
Mammillaria:	Mexiko, USA;	S: sonnig;	W: hell, kühl, trocken.
Neobesseya:	Mexiko, USA;	S: sonnig, i. F.;	W: hell, kühl, trocken.
Neobuxbaumia:	Mexiko;	S: sonnig, i. F.;	W: hell, kühl, trocken.
Neoporteria:	Argentinien, Peru;	S: sonnig;	W: hell, kühl, trocken.
Notocactus:	Uruguay, Paraguay;	S: sonnig;	W: hell, temperiert, wenig gießen.
Opuntia:	Amerika;	S: sonnig;	W: hell, kühl, trocken.
Oreocereus:	Südamerika;	S: sonnig;	W: hell, kühl, trocken.
Oroya:	Peru;	S: sonnig;	W: hell, kühl, trocken.
Parodia:	Südamerika;	S: sonnig, i. F.;	W: hell, kühl, trocken.
Peireskiopsis:	Mexiko, Guatemala;	S: sonnig, i. F.;	W: hell, temperiert, wenig gießen.
Peireskia:	Südamerika;	S: sonnig, i. F.;	W: hell, temperiert, wenig gießen.
Pfeiffera:	Bolivien, Argentinien;	S: halbschattig;	W: hell, temperiert, wenig gießen.
Rebutia:	Argentinien, Bolivien;	S: sonnig, i. F.;	W: hell, kühl, trocken.
Rhipsalis:	Amerika/Afrika;	S: halbschattig, i. F.;	W: hell, temperiert, wenig gießen.

Schlumbergera:	Südamerika;	S: halbschattig, i. F.;	W: hell, temperiert, wenig gießen.
Selenicereus:	Südamerika;	S: halbschattig;	W: hell, temperiert, wenig gießen.
Setiechinopsis:	Argentinien;	S: sonnig, i. F.;	W: hell, kühl, trocken.
Sulcorebutia:	Bolivien;	S: sonnig, i. F.;	W: hell, kühl, trocken.
Thelocactus:	Mexiko, USA;	S: sonnig;	W: hell, kühl, trocken.
Trichocereus:	Argentinien, Bolivien;	S: sonnig, i. F.;	W: hell, kühl, trocken.
Weingartia:	Bolivien, Argentinien;	S: sonnig;	W: hell, kühl, trocken.

Um Kakteensammlern einen Überblick darüber zu geben, welche Gattungen besondere Erfahrungen benötigen, haben wir diese nachstehend in alphabetischer Reihenfolge aufgeführt:

Ariocarpus	*Encephalocarpus*	*Melocactus*	*Uebelmannia*
Aztekium	*Epithelantha*	*Neolloydia*	*Wilcoxia*
Buiningia	*Escobaria*	*Obregonia*	sowie viele andere
Copiapoa	*Eulychnia*	*Pediocactus*	Gattungen!
Coryphantha	*Leuchtenbergia*	*Pelecyphora*	
Discocactus	*Lophophora*	*Strombocactus*	
Dolichothele	*Matucana*	*Toumeya*	

Und einige empfehlenswerte und interessante Gattungen der anderen Sukkulenten:

Aeonium	*Echeveria*	*Kalanchoë*	*Senecio*
Agave	*Euphorbia*	*Lithops*	*Stapelia*
Aloë	*Faucaria*	*Pachypodium*	*Trichodiadema*
Caralluma	*Gasteria*	*Pleiospilos*	*Yucca*
Crassula	*Haworthia*	*Sansevieria*	
Delosperma	*Huernia*	*Sedum*	

Winterharte Kakteen und andere Sukkulenten

Mit ausgesprochen »winterhart« bezeichnet man Kakteen und andere Sukkulenten, die in unseren Breitengraden ungeschützt einen Winter überstehen, wenn man gewisse Voraussetzungen erfüllt. Zu diesen Voraussetzungen gehört, daß man zunächst ein sehr durchlässiges, mineralisches Substrat schafft, indem man Kies, Schotter, Lava, Bims, Granitgrus mit dekorativen Steinbrocken zu einer nach Süden abfallenden Hanglandschaft gestaltet. Gefährliche Staunässe wird weiterhin dadurch vermieden, daß man diese Freilandsukkulenten-Anlage vor einer Südterrasse oder einer geschützten Südwand errichtet. In sehr rauhen Gegenden kann man noch durch einen Regenschutz in Form von abnehmbaren, lichtdurchlässigen Frühbeetfenstern oder Plexiglasplatten installieren, der aber nach allen Seiten offen sein sollte, damit die Luft ungehindert zirkulieren kann.

Der Autor pflegt seit vielen Jahren am Rande des Schwarzwaldes in etwa 400 m Höhe winterharte Kakteen ohne jeden Regenschutz und ohne nennenswerte Ausfälle. Wichtig ist, daß man die Sammlung völlig frei von überwucherndem Unkraut hält, um Fäulnis zu vermeiden.

Ohne jeden Regenschutz können z. B. im Freien kultiviert werden: *Opuntia armata, O. engelmannii, O. engelmannii* var. *discata, O. erinacea, O. humifusa, O. hystricina, O. juniperina, O. phaeacantha* und Varietäten, *O. polyacantha* und Varietäten, *O. rubiflora, O. rufila, O. sphaerocarpa, O. xanthostemma, Maihuenia patagonica, M. poeppigii, Pediocactus bradyi, P. simpsonii, Pterocactus skottsbergii, Tephrocactus darwinii, Orostachys spinosus,* verschiedene *Lewisia, Sedum-* und *Sempervivum*-Arten sowie *Yucca* (z. B. *Yucca glauca*).

Bei entsprechendem Regenschutz ab Ende Oktober bis Mitte März können noch zusätzlich im Freien kultiviert werden: *Delosperma cooperi, D. lineare, D. aberdeenense, Austrocactus hibernus, A. patagonicus, Austrocylindropontia verschaffeltii, Coryphantha vivipara* (und Varietäten) *C. chlorantha, Cylindropuntia whipplei, Echinocereus coccineus, E. fendleri, E. mojavensis, E. purpureus, E. pectinatus, E. triglochidiatus, E. viridiflorus, Escobaria missouriensis* var. *missouriensis, E. vivipara, Opuntia grandis, O. humifusa, O. rhodantha, O. clava, O. basilaris, Pediocactus knowltonii, Sclerocactus whipplei, Agave mecalacantha, A. parryi, A. palmeri, A. lechuguilla, A. schottii, A. toumeyana, A. utahensis* sowie Varietäten.

Wenn nach der Schneeschmelze die winterharten Kakteen wieder zum Vorschein kommen, sind sie zum großen Teil etwas zusammengeschrumpft, ein im übrigen völlig normaler Prozeß. Nach wenigen Wochen haben sie sich wieder gefüllt und zeigen einen kräftigen Neutrieb.

Im übrigen muß man eine gut angelegte Freilandanlage weder gießen noch düngen, sofern die Kakteen nicht mit Tontöpfen eingegraben sind. Schädlinge gibt es - soweit bekannt - außer einigen Schnecken auch keine. Was hält uns also noch davon ab, eine Sammlung mit Freilandsukkulenten aufzubauen? Der Platz? Kein Problem, ein Balkonkasten kann ebenfalls mit winterharten Kakteen bepflanzt werden!

Herrliche Cristatformen

Seit man sich mit Kakteen beschäftigt, haben die monströsen Formen auf die Sammler stets eine besondere Faszination ausgeübt. Cristatformen bei Kakteen und anderen Sukkulenten findet man nahezu in allen Gattungen, bei kugel- und säulenförmigen Arten. Eine hahnenkammförmige Cristate kann auch aus dem Scheitel sehr alter Kakteen spontan entstehen, auch wenn diese Pflanzen bislang keinerlei Hinweis auf eine derartige Verbänderung gegeben haben. Dabei ist es durchaus möglich, daß eine Cristate nach einigen Jahren ohne eine erkennbare Ursache wieder einen völlig normalen Trieb bildet und ab dann die Cristate vermindert oder auch gar nicht mehr wächst. Facit: Eine Cristatbildung erfolgt ohne jede erkennbare Ursache, also spontan; sie hat mit einer Erkrankung nicht das geringste zu tun!

Cristatformen sind nicht sehr blühfreudig, und nur in seltenen Fällen zeigen auch die Blüten solcher Pflanzen eine Verbänderung. Die Sämlinge von Cristaten wachsen völlig normal, d. h. daß die Verbänderung nicht vererbbar ist. Die Vermehrung von Cristaten ist durch geschickte Teilung in verschiedene Segmente möglich - man kann sie zwar wurzelecht weiterwachsen lassen, aber hochgepfropft auf *Trichocereus pachanoi, T. spachianus, T. macrogonus, T. bridgesii, Eriocereus jusbertii, E. martinii, E. bonplandii, Cereus peruvianus, C. jamacaru* usw. sehen sie nicht nur besser aus, sondern sie lassen sich besser vermehren und sind auch haltbarer.

7 Einige der sehenswertesten Kakteensammlungen Europas

Natürlich können wir hier nicht alle interessanten Kakteensammlungen in Europa vorstellen, aber wir wollen Ihnen, lieber Kakteenfreund, zumindest einen Überblick über die schönsten und sehenswertesten Sammlungen geben.
An der Côte d'Azur, an der italienischen Riviera und an der Costa Brava haben sich im Laufe der Jahrzehnte die Kakteensammlungen deshalb etwas konzentriert, weil dort die Pflanzen vor den kalten Luftströmungen aus dem Norden geschützt sind. Jahrelang kommen dort keine starken Fröste vor, so daß die Kakteen meist ausgezeichnet im Freien gedeihen. Attraktive Sammlungen mit herrlichen Exemplaren lösen bei den Besuchern immer wieder grenzenloses Erstaunen und Bewunderung aus, und so manche persönliche Entscheidung, künftig ebenfalls Kakteen zu sammeln, fiel nach einer Besichtigung von solch großartigen Anlagen. – Zwischen Lloret de Mar und Blanes an der Costa Brava in Spanien findet man den Botanischen Garten »Pinya de Rosa«, eine riesige Freianlage für Kakteen und andere Sukkulenten. Der Besitzer, F. Rivière, hat dort etwa 7000 verschiedene Arten zusammengestellt. Ebenfalls an der Costa Brava sind im Botanischen Garten »Marimurtra« in Blanes neben der hochinteressanten Mittelmeerflora auf einem großen Teil der Anlage Agaven, Kakteen und andere Sukkulenten, wie z. B. Euphorbien, zu besichtigen.
Die Kakteengärtnerei Pécheret liegt bei Antibes an der Straße nach Nizza, etwa 0,5 km außerhalb der Stadt.
Auf der Halbinsel Cap Ferrat, nur wenige Autominuten östlich von Nizza, liegt einer der schönsten und großartigsten botanischen Gärten Europas, »Les Cèdres«, mit einer sehr beachtenswerten Sammlung von Kakteen und anderen Sukkulenten. Die gesamte Anlage befindet sich in Privatbesitz, deshalb kommt für Interessenten an einer Besichtigung nur eine sehr langfristige Voranmeldung in Betracht.
An einem steilen Felshang unmittelbar an der Küste hat man in Monaco vor mehr als 50 Jahren den berühmten »Jardin Exotique« angelegt. Das architektonisch und auf Grund seiner Statik kühne Bauwerk präsentiert herrliche Kakteen und andere seltene Sukkulenten in beachtlichen Dimensionen. Der Besucher steht dort vor gewaltigen Säulenkakteen, die nahezu eine Höhe von 20 m erreicht haben und mit dicken Stahltrossen gesichert sind. Ein großartiges Erlebnis sei dem Besucher jetzt schon sicher! Die unter dieser Anlage entdeckte Tropfsteinhöhle macht einen Besuch nur noch interessanter!
In Menton, unmittelbar an der italienischen Grenze, befindet sich die Sammlung des bekannten Kakteenzüchters Delrue. Auf künstlichen, an einem Steilhang angelegten Terrassen kann man eine sehr große, artenreiche Sammlung bewundern.
Wenn man die Grenze nach Italien überschreitet, kommt man nach La Mortola. Hier liegt

der Botanische Garten »Giardino Hanbury«, der von dem Engländer Hanbury einst angelegt wurde. Die eigentliche Kakteensammlung ist allerdings nicht mehr bedeutend, - die Gartenanlage um so mehr.
In Bordighera und in San Remo kann man mehrere Kakteengärtnereien oder Sammlungen besichtigen.
Nicht unerwähnt lassen darf man die unglaublich umfangreiche Städtische Sukkulentensammlung Zürich, die 1955 zur ersten internationalen Schutzsammlung erklärt wurde. Und wer nach Zürich reist, der kann sich bei dieser Gelegenheit auch Su-Ka-Flor in 5610 Wohlen/Schweiz ansehen.
Allerdings findet man auch bei uns in der Bundesrepublik Deutschland ausgezeichnete und sehenswerte botanische Gärten und Privatsammlungen, die teilweise überaus interessant sind und sogar Weltruf haben. Man denke nur an den berühmten Palmengarten in Frankfurt oder an die botanischen Gärten in Heidelberg, Tübingen, München, Berlin, Köln usw.

8
Das Washingtoner Artenschutzabkommen

Die Bundesrepublik Deutschland hat am 3. März 1975 das Washingtoner Artenschutzabkommen mitunterzeichnet. Diese von vielen Staaten unterzeichnete Vereinbarung regelt den Handel mit gefährdeten Arten freilebender Pflanzen und Tiere auf internationaler Ebene. Nach diesem Abkommen zählen sämtliche Gattungen und Arten der Kakteen und vieler anderer Sukkulenten zu den gefährdeten Pflanzen. Nur mit einer gültigen Einfuhrgenehmigung ist die Einfuhr in die Bundesrepublik Deutschland möglich. Wie die Erfahrung zeigt, werden derartige Einfuhrgenehmigungen immer noch viel zu häufig erteilt. Kakteensammler, die häufig in Südamerika Pflanzen sammeln, kennen mittlerweile die Möglichkeiten, um dennoch ihre Kakteen einführen zu können. Dem Autor sind Dutzende dieser Fälle bekannt!

Von diesem Artenschutzabkommen sind natürlich jene Firmen unmittelbar betroffen, die sich jahrzehntelang auf den Import und den Verkauf von Standortpflanzen spezialisiert haben. In einigen Ländern wird das Artenschutzabkommen geradezu perfekt gehandhabt, während andere Staaten es nicht so eng und vordringlich sehen und so manches Hintertürchen geöffnet halten – wegen der Devisen. Das Washingtoner Artenschutzabkommen ist allerdings nur als Anfang ernstgemeinter Planungen und Vorhaben für einen künftigen, lückenlosen, wirksamen, internationalen Schutz von Pflanzen und Tieren zu sehen. Vieles bleibt noch zu tun!

Geradezu vorbildlich beweisen die USA und auch Süd-Afrika, daß der Artenschutz sehr wirksam und nahezu lückenlos praktiziert werden kann, wenn man die gesetzlichen Voraussetzungen dazu schafft. In vielen Ländern Süd- und Mittel-Amerikas liegt noch vieles im argen, man kann deshalb nur hoffen, daß auch dort in Kürze die notwendige Einsicht zum Artenschutz vor pekuniären Perspektiven siegt.

Für unsere Importeure, die sich auf den Vertrieb von Kakteen und anderen Sukkulenten spezialisiert haben, tauchen neue geschäftliche Möglichkeiten auf. Entweder steigt man nun auf eigene Anzuchten um, oder man bezieht Kakteen und andere Sukkulenten aus künstlichen Anbauflächen. In großem Umfange gelangen in den letzten Jahren in zunehmendem Maße Kakteen aus Anzuchtstationen von den Kanarischen Inseln zu uns. Diese in mildem Klima auf Gran Canaria oder Teneriffa aufgewachsenen Kakteen sind gesunde, kräftige Pflanzen, die über ein gut entwickeltes Wurzelsystem verfügen. Eine wesentliche Voraussetzung für das Gelingen der Weiterkultur!

◄
Lobivia pentlandii *ist eine sehr formenreiche Art innerhalb der Gattung (siehe auch S. 68).*

9
Kakteen und andere Sukkulenten für unsere Sammlung

Acanthocalycium klimpelianum

(Weidl. & Werd.) Backbg.

Heimat: Eine in Nord-Argentinien verbreitete Gattung. Die abgebildete Art wurde in der Provinz Cordoba gefunden und zählt wohl zu den schönsten und attraktivsten Arten der Gattung, die nur etwa 10 Arten umfaßt. In etwa 800–1200 m Höhe wächst dieser Kaktus an trockenen Wiesenhängen, auf Geröllhalden und in Felsspalten.

Beschreibung: Die mehr oder weniger flachkugelige, dunkelgrüne Pflanze weist etwa 19 leicht gekerbte Rippen auf. Von den stark stechenden Dornen weist der untere als längster stets nach unten. Die außen geschuppten, schneeweißen Blüten erreichen einen Durchmesser von etwa 6 cm und halten 3–4 Tage. Alle *Acanthocalycium*-Arten bilden ein sehr kräftiges Wurzelwerk mit sehr feinen Faserwurzeln.

Pflege: Ab Ende Mai bis Ende September kann diese Art bei mäßigen Wassergaben an einem geschützten Platz im Freien stehen. In der winterlichen Ruhezeit ab Oktober möglichst nicht mehr gießen. Ganzjährig sehr hell und sonnig halten. Im Sommer alle 4 Wochen 0,1%ig düngen.

Diese Gattung liebt durchlässige Kakteenerde mit etwa 50% sandigen und lehmigen Zusätzen. Die Wurzel sollte sich in einem geräumigen Topf entfalten können. Sorgen Sie für eine gute Dränage!

Vermehrung: Durch Samen! Keimt gut bei 25 °C.

Schädlinge: Nematoden, Wurzel- und Wolläuse.

Nach dem Berliner Kakteengärtner Georg Klimpel wurde dieser Kaktus benannt.

Agave victoriae-reginae T. Moore

Heimat: Agaven sind auf allen Kontinenten unserer Erde zu finden, – aber meist verwildert. Die eigentliche Heimat ist Mexiko, Mittel-Amerika, das südliche Nord-Amerika, das nördliche Süd-Amerika und die karibischen Inseln. Man kennt mittlerweile mehrere Hundert Arten und Varietäten dieser Gattung, die sich wiederum in Unter-Gattung, Sektion, Reihen, usw. unterteilt. Diese hübsche Art, *Agave victoriae-reginae,* ist in Mexiko beheimatet und gehört zu den attraktivsten Arten überhaupt.

Beschreibung: Sie bildet eine sehr kräftige Rosette, mit steifen, dunkelgrünen, weiß gezeichneten Blättern mit kräftigem, schwarzen Endstachel. Die Blätter können 15 bis 25 cm lang werden. Ausgewachsen erreicht die sehr langsam wachsende Art etwa 50 bis 70 cm Durchmesser. Der Blütenstand – nur bei alten, ausgewachsenen Exemplaren – kann durchaus 3 bis 4 m Höhe erreichen. Nach der Blüte stirbt die Mutterpflanze nach und nach ab.

Pflege: Agaven sollten von Mai bis September vollsonnig aufgestellt werden, dann aber nur bei Regenschutz alle 4 Wochen durchdringend gießen, aber wenig düngen. Ab Oktober sehr hell, kühl und trocken überwintern. Diese Art benötigt aber etwas mehr Wärme, deshalb nicht unter 8 °C ruhen lassen. Verwenden Sie für die kleinbleibenden Arten Kakteenerde mit etwa 30 bis 50% sandig-lehmigen Zusätzen. Flache Kübel eignen sich besser als zu tiefe Gefäße.

Vermehrung: Durch die sehr seltenen Ausläufer oder durch Samen.

Schädlinge: Schildläuse, Wolläuse.

(→Abbildung Seite 46)

Aporocactus flagelliformis

(L. 1753) Lem. 1860

Heimat: Bereits vor mehr als 200 Jahren wurde dieser epiphytisch auf Bäumen und Felsen wachsende Schlangenkaktus in Mexiko (Hidalgo) gefunden. Eine langlebige Standardpflanze für jede Kakteensammlung. Sie ist ausgezeichnet zur Ampelkultur geeignet. Die alten Mexikaner nannten diese Pflanze »Huitzocuitlapilli«, – im übertragenen Sinne bedeutet dies »Feuerschwanz«.

Beschreibung: Die dünnen, rundlichen Triebe mit den dicht stehenden feinbedornten Areolen, werden leicht 1,50 m lang. Ältere Exemplare können durchaus 30–40 Neutriebe in einer Saison hervorbringen. Die 6–7 cm langen karmesinfarbenen Blüten an den herabhängenden Trieben sind – je nach Temperatur – 3–4 Tage geöffnet. Die Pflanze bildet ein kräftiges, aber flaches Wurzelsystem.

Pflege: Verwenden Sie übliche Kakteenerde mit hohem, faserigem Torfanteil und zerkleinerten Rindenstückchen und nehmen Sie idealerweise einen flachen Topf. Alle *Aporocactus*-Arten lieben einen sehr hellen, aber nicht vollsonnigen Standort und stets milde Temperaturen. Ab Ende Mai sollte man die Pflanze an einen halbschattigen Platz ins Freie stellen oder hängen, und ab Ende September an einen temperierten Ort im Gewächshaus, in den Wintergarten oder in die Wohnung. Im Sommer mäßig gießen, leicht düngen. Im Winter nur sehr wenig gießen, nicht mehr düngen und ab und zu leicht nebeln. Nach der Knospenbildung nicht mehr drehen oder an einen anderen Platz stellen, da die Knospen evtl. abgestoßen werden können. Kann im Frühjahr und im Spätherbst blühen!

Vermehrung: Durch Stecklinge sehr einfach, die eine Woche abtrocknen sollten. Auch durch Samen.

Schädlinge: Spinnmilben, Wolläuse.

(→Abbildung Seite 56)

Weitere sehr hübsche und empfehlenswerte Aporocactus-Arten:

Aporocactus conzatti Br. & R., 9 cm lange, ziegelrote Blüten.

Aporocactus leptophis (Dc) Br. & R., sehr dünntriebige Art.

Aporocactus mallisonii Hort., Hybride aus *A. flagelliformis* und *Heliocereus speciosus.*

Aporocactus martianus (Zucc.) Br. & R., 10 cm lange, tiefrosa Blüten.

Der hängend wachsende Aporocactus flagelliformis *blüht bei hellem, temperiertem Standort jedes Jahr zuverlässig.*

Astrophytum myriostigma Lem. 1839

Heimat: Im zentralen bis nördlichen Hochland von Mexiko ist dieser völlig dornenlose Kaktus beheimatet. Von tiefen Lagen bis in Höhen von über 2000 m wächst er meist auf sandigen, steinigen Böden und zwischen vielerlei Trokkenbüschen. Das Verbreitungsgebiet der kleinen Gattung *Astrophytum* erstreckt sich von Mexiko bis nach Texas, USA.

▶

Prachtexemplare von Cleistocactus strausii *entwickeln sich, frei ausgepflanzt, im Gewächshaus oder auch in großen Kübeln.*

Beschreibung: Das typische *Astrophytum myriostigma* ist mit unzähligen, winzigen, weißen Wollflöckchen dicht besetzt und – wie die Abbildung zeigt – ohne jede Bedornung. Die seidig glänzenden, gelben, bis 6 cm großen Blüten öffnen sich bei voller Sonne im Hochsommer. Gut gepflegte Pflanzen blühen ab 4 cm Durchmesser zuverlässig.

Pflege: Verwenden Sie überwiegend mineralisches, durchlässiges Substrat und gießen Sie von April bis September nur bei warmem Wetter durchdringend. Das Erdsubstrat sollte jedoch immer wieder zwischendurch trocken werden. In dieser Zeit monatlich einmal 0,1%ig düngen. Von Oktober bis März möglichst trocken halten. In der winterlichen Ruhezeit sollten 10 °C nicht unterschritten werden. *Astrophytum* lieben einen ganzjährig sehr sonnigen Standort, der von Mai bis September mit Regenschutz auch im Freien oder im Frühbeet sein kann.

Vermehrung: Ausschließlich durch Samen, der ausgezeichnet keimt. Nach 4 Monaten sollte man die Sämlinge in frisches Substrat pikieren. Pfropfen ist bei dieser Art nicht notwendig.

Schädlinge: Woll- und Wurzelläuse, Nematoden.

Cleistocactus strausii

(Heese 1907) Backebg.

Heimat: Sehr attraktiver Kaktus, der in Argentinien und Bolivien in Höhen bis etwa 1800 m

Die »Bischofsmütze« ist zweifelsohne das beliebteste und häufigste Astrophytum *in unseren Sammlungen (siehe auch Seite 55).*

vorkommt und wohl zu den schönsten Säulenkakteen überhaupt zählt. Er bevorzugt in seiner Heimat einen überwiegend steinigen Standort mit allerlei Begleitflora wie laubtragenden Sträuchern. Zeitweise herrscht dort eine relativ hohe Luftfeuchtigkeit.

Beschreibung: Ausgewachsen erreichen die etwa 7-8 cm dicken Triebe eine Höhe von 2,50 m. Weiße, borstige Dornen umhüllen die Säulen. Etwas kräftiger sind die 3-4 gelblichen Mitteldornen, die etwa 3 cm lang werden. Besonders hübsch ist der *Cleistocactus strausii*, wenn er seine röhrigen, weinroten Blüten im Frühsommer zwischen den Dornen herausschiebt. Bei älteren, mehrsäuligen Exemplaren können durchaus einige hundert Blüten erscheinen.

Pflege: Entweder im Gewächshaus frei ausgepflanzt oder in einem größeren Kübel gedeiht der *Cleistocactus strausii* prächtig, wenn man ihm eine nährstoffreiche, lockere Kakteenerde mit etwa 40 bis 50% mineralischen Zusätzen gibt. In der üblichen Wachstumszeit – im Frühling und im Herbst – mäßig feucht und im Juli und August sowie im Winter nahezu trocken halten. Staunässe und einen kalten Fuß unbedingt vermeiden! Geben Sie ihm viel frische Luft und nebeln Sie häufig mit kalkfreiem Wasser! Stets vollsonnig halten und im Winter nicht unter 10 °C. In der Wachstumszeit alle 3-4 Wochen etwa 0,1%ig düngen.

Vermehrung: Durch Samen, den man am besten im Frühjahr bei etwa 24-28 °C Bodenwärme aussäen sollte. Nach 4 Monaten in frische Erde pikieren. Kopfstecklinge sind ebenso möglich, wie das vorsichtige Abnehmen von Basistrieben, die 3-4 Wochen abtrocknen müssen.

Schädlinge: Woll- und Wurzelläuse, Spinnmilben.

Cochemiea setispina (Coult. 1894) Walt.

Heimat: Auf steinigem, mit Gräsern bewachsenem Gelände bei der Mission San Borja in Niederkalifornien (Mexiko) gedeiht dieser hübsche Kaktus. Die Gattung wurde nach einem dort lebenden Indianerstamm benannt. Insgesamt sind 5 Arten bekannt. Vielfach wird diese Gattung auch *Mammillaria* zugeordnet, weil die Leitart *(Cochemiea halei)* seinerzeit als *Mammillaria halei* beschrieben wurde. Der zygomorphe Blütenaufbau rechtfertigt jedoch eine eigene Gattung.

Beschreibung: Die etwas säuligen Triebe werden bis zu 15 cm hoch und 4 bis 5 cm dick. Recht früh werden interessante Gruppen gebildet. Auf den weißwolligen Areolen sitzen 9 bis 12 Randdornen und 1 bis 3 Mitteldornen, die bei der hier abgebildeten Pflanze fast 8 cm lang sind. An älteren Exemplaren erscheinen etwa 5 cm lange, leuchtend zinnoberrote Blüten.

Pflege: Alle *Cochemiea*-Arten sind etwas schwierig! Ein ganzjährig vollsonniger Standort ist unerläßlich! Durchlässiges, nahezu rein mineralisches Substrat (Mischung aus Bims, Lava, Granitgrus, etwas lehmige Gartenerde und ein Löffel zerriebene Holzkohle) und in der Hauptwachstumszeit von Mai bis September alle 4 Wochen von unten anstauen, – der Wurzelhals sollte trocken bleiben. Staunässe führt unweigerlich zum Verlust der Pflanze! Sehr sparsam düngen! Von Oktober bis einschließlich April bei mindestens 6 °C völlig trocken halten und alle 3 Tage leicht nebeln, – die Pflanzenoberfläche sollte nicht naß werden. Wer sämtliche Schwierigkeiten umgehen möchte, muß *Cochemiea setispina* auf *Trichocereus* oder *Eriocereus* pfropfen.

Vermehrung: Durch Samen, Seitensprosse oder Pfropfung.

Schädlinge: Spinnmilben, Wolläuse, Nematoden.

(→Abbildung Seite 18)

Cryptocereus anthonyanus Alex. 1950

Heimat: Dieser herrliche Epiphyt ist in den ausgedehnten Regenwaldgebieten des mexikanischen Staates Chiapas verbreitet und wächst dort auf Ästen und Astgabeln älterer Bäume und überzieht gelegentlich auch absonnige, feuchte Felswände.

Beschreibung: Die kräftig gekerbten, hellgrünen Triebe können etwa 6–12 cm breit und mehrere Meter lang werden und sich leicht verzweigen. Die Dornen auf den kleinen Areolen sind unbedeutend winzig. Die spätsommerlichen Blüten – innen gelblich und außen purpurfarben – können bis 15 cm lang und mehr als 22 cm breit werden, – sind aber nur einen Tag geöffnet. Die Früchte werden etwa limonengroß und sind außen kräftig bedornt, – ein deutlicher Hinweis auf die nahe Verwandtschaft zu *Selenicereus*.

Pflege: Im allgemeinen liebt *Cryptocereus anthonyanus* einen ständig temperierten Platz, dennoch fühlt er sich ab Ende Mai bis Anfang September auch im Freien wohl. Ab Mitte September an einem temperierten Platz nicht unter 12 °C überwintern. In der sommerlichen Wachstumszeit gleichmäßig feucht halten und alle 4 Wochen leicht düngen. In der Ruheperiode von Oktober bis April nur sehr sparsam gießen und nicht düngen. Sehr hell stellen, aber vor praller Sonne schützen.

Verwenden Sie Einheitserde mit mindestens 50% faserigem Torf und Rindenstückchen. Dieser Kaktus kann sowohl hängend als auch kletternd wachsen.

Vermehrung: Ausgereifte Triebe abschneiden, 2 Wochen trocknen lassen und im oben erwähnten Substrat bei 25 °C bewurzeln lassen.

Schädlinge: Wolläuse.

Pflegen läßt sich Cryptocereus anthonyanus *ebenso leicht, wie die bekannten Epiphyllum-Hybriden.*

Wer Delosperma cooperi *einmal in seinem Steingarten angepflanzt hat, will sie nicht mehr missen.*

Delosperma cooperi (Hook. f.) L. Bolus

Heimat: Die Gattung *Delosperma* aus der Familie der Aizoaceae ist im Süden Afrikas beheimatet. Aus dieser artenreichen Gattung empfehlen wir die in milden Gegenden auch bei uns winterharte *Delosperma cooperi,* die aus dem Oranje Free State stammt.

Beschreibung: Eine stark wuchernde, kriechende, mehrjährige Sukkulente, die sich rasch verzweigt. Die fleischigen, dunkelgrünen Blätter werden etwa 3 bis 4 cm lang. Bei voller Sonne öffnen sich die 4 bis 5 cm großen purpurroten Blüten in Massen. *Delosperma cooperi* bildet rasch große Polster, deshalb sollte man darauf achten, daß keine langsam wachsenden Pflanzen, z. B. winterharte *Opuntia*-Arten überwuchert werden.

Pflege: Ganzjähriger sehr sonniger Standort im Freien, – im Winter mit etwas Regenschutz (in rauhen Gegenden!). Es ist ratsam, schwere Böden mit einer guten Dränage zu verbessern. Gießen oder Düngen ist nach den Erfahrungen des Autors völlig überflüssig. Ein nach Süden abfallender Hang wäre ideal. Im Herbst empfiehlt es sich, vorsichtshalber Stecklinge zu nehmen, falls diese hübsche Art einen besonders strengen Winter nicht überstehen sollte.

Vermehrung: Durch Stecklinge.

Schädlinge: Evtl. Schnecken.

Echeveria Dc.

Heimat: Heute sind mehr als 120 *Echeveria*-Arten und -Varietäten bekannt. Beheimatet sind sie vorwiegend in Mexiko, Texas, den südlichen USA, in Teilen Mittel-Amerikas und in Bereichen der Anden. Sie siedeln sich vorwiegend in Trockenwiesen, Felsspalten, Kalksteinhügeln sowie auf Lichtungen und Geröllgebieten an.

Beschreibung: *Echeveria* sind unglaublich vielgestaltig in Form und Farbe, obwohl der Grundaufbau bei den meisten bei uns verbreiteten Arten gleich ist: Mehr oder weniger dichte Rosetten aus fleischigen, lanzettlichen oder eiförmigen Blättern. Durch Sprossung entste-

Die meisten Echeveria *sind pflegeleichte, dankbare Pflanzen, die bei richtiger Kultur auch regelmäßig blühen.*

hen – wie auf dieser Abbildung – hübsche Gruppen. Verschiedene Arten können sogar durch Bildung eines Stammes im Laufe der Jahre zu kleinen Bäumchen heranwachsen. Der Blütenstand erhebt sich – je nach Art – bis zu 30 cm hoch. An Blütenfarben ist Gelb ebenso vertreten wie Rot, Rosa, Orange, usw.

Pflege: Die Pflege bereitet keine nennenswerten Schwierigkeiten. *Echeveria* wünschen ganzjährig einen vollsonnigen Standort, der auch gerne im Sommer an einem geschützten Platz im Freien sein kann. Von April bis September alle 4 Wochen durchdringend gießen, sparsam düngen und anschließend das Substrat wieder etwas austrocknen lassen. Staunässe vermeiden! Ab Oktober kühl, hell und nahezu trokken überwintern. Häufig lüften! Der helle, kühle und trockene Standort fördert die Blütenbildung! Verwenden Sie ein sandig-humoses Substrat, wobei der mineralische Teil gerne etwas höher sein darf. Idealerweise sollten Sie flache Schalen verwenden.

Vermehrung: Durch Seitenrosetten oder Blattstecklinge!

Schädlinge: Wurzel- und Wolläuse.

Echinocactus grusonii Hildm. 1891

Heimat: Dieser herrliche Kaktus wurde in seiner mexikanischen Heimat unter strengsten Naturschutz gestellt, da die Gefahr der totalen Ausrottung besteht. Wächst in Gebüschformationen auf steinig-mineralischem Substrat. Eine überschaubare, kleine Gattung mit etwa 15 bekannten Arten, die aber teilweise gigantische Dimensionen erreichen.

Beschreibung: Im Alter kann dieser attraktive Kugelkaktus etwa 1,30 m hoch und bis zu 1 m dick werden. Die mehr als 30 Rippen sind kaum durch die bis zu 4 cm langen, kräftigen, gelben Dornen zu erkennen, die den Pflanzenkörper umgeben. Die Blüte allerdings kann man nur an sehr alten Exemplaren bewundern, die mindestens 40 bis 50 cm Durchmesser er-

Auf den Kanarischen Inseln wird der beliebte Echinocactus grusonii *im Freiland massenhaft vermehrt.*

reicht haben. Nur in seltenen Fällen – evtl. bei Verletzungen – bildet er Seitensprosse.

Im Volksmund als »Schwiegermuttersessel« bezeichnet!

Pflege: Wenn Sie Ihrem *Echinocactus grusonii* einen ganzjährig sehr sonnigen, warmen Standort in nahrhafter, aber durchlässiger Kakteenerde mit 40% mineralischen Zusätzen geben, dann präsentiert er sich als äußerst pflegeleichter Kamerad. Optimal wäre, frei ausgepflanzt im Gewächshaus! Von April bis Oktober mäßig gießen und bis September alle 4 Wochen leicht düngen. In der winterlichen Ruhezeit nicht unter 10 °C und nahezu trocken halten, aber stets hell.

Nehmen Sie für die Fensterbrettpflege möglichst größere Tonschalen, damit sich dieser Flachwurzler besser entwickeln kann.

Vermehrung: Durch Samen. Ideale Keimtemperatur bei etwa 23 bis 26 °C. Nach 3 Monaten in frische Erde pikieren.

Schädlinge: Woll- und Schildläuse, Spinnmilben.

Echinocereus pentalophus var. *procumbens* (Engelm.) Krainz

Heimat: Diese prachtvolle Art ist vom Norden Mexikos bis in den Süden Texas in extrem trockenen, heißen Gebieten anzutreffen. Zur Blütezeit bietet dieser reizvolle Kaktus nicht nur bei uns einen unvorstellbar schönen, ja geradezu überwältigenden Anblick, wenn sich in mehreren Schüben die Blüten öffnen und die Pflanze meist völlig überdecken.

Beschreibung: Die etwa fingerdicken, hellgrünen Triebe mit 4 bis 6 Dornen bilden rasch interessante Gruppen, die sich meist basal verzweigen. Der längere Mitteldorn mit dunkler Spitze kann bis zu 2 cm lang werden. Bis zu 8 cm Durchmesser erreichen die karminvioletten Blüten, die bei richtiger Pflege an älteren Pflanzen in reichem Maße erscheinen. Die Art variiert in Habitus und Bedornung.

Pflege: Ab Ende April bis Ende September stellen Sie nicht nur diese Art, sondern möglichst alle *Echinocereus*-Arten an eine sonnige,

Eine der blühfreudigsten Arten der Gattung ist der Echinocereus pentalophus *var.* procumbens.

warme Stelle ins Freie, völlig ohne Regenschutz. Ab Mitte September nicht mehr düngen und gießen. Sehr hell und trocken überwintern. Verwenden Sie mineralische, durchlässige Erde (wie bei *Echinocereus salm-dyckianus*). Eine flache Tonschale eignet sich gut, damit sich besser eine Gruppe bilden kann. Gute Dränage ist empfehlenswert. Im Winter reichlich lüften und leicht nebeln! *Echinocereus* entwickeln sich in Frühbeeten und in Gewächshäusern besser als auf einer Fensterbank.

Vermehrung: Wie bei *Echinocereus salm-dyckianus.*

Schädlinge: Wie bei *Echinocereus salm-dyckianus.*

Echinocereus salm-dyckianus

Scheer 1857

Heimat: Viele der mehr als 70 anerkannten *Echinocereus*-Arten und -Varietäten, die in den südlichen USA und in Mexiko beheimatet sind, haben sich einen festen Stammplatz in

Echinocereus salm-dyckianus, *eine besonders hübsche Art, die aber mitunter etwas blühfaul ist.* ▼

den Sammlungen der Kakteenfreunde erobert. So wie diese hübsche Art in Durango und Chihuahua in Mexiko gefunden wurde, stammen andere ebenfalls aus extrem trockenen Gebieten mit sehr mineralisch-lehmigen Böden und hohen Tagestemperaturen.

Beschreibung: Die Vielfalt in der Bedornung und die durchweg herrlichen Blüten überzeugen. Variierende Art mit hellgrünen, daumenstarken Trieben, die rasch größere Gruppen bildet. Die etwa 10 cm langen, möhrenfarbigen Blüten öffnen sich erst in den Nachmittagsstunden und schließen sich bei allzu starker Sonneneinstrahlung.

Pflege: Ganzjährig sehr hell und sonnig stellen. Von Ende April bis Ende September auch an geschützter Stelle im Freien. In dieser Zeit grundsätzlich mäßig gießen und nur wenig düngen, – auch bei einem Fensterbankplatz. Ab Oktober völlig trocken halten und kühl überwintern. Diese gruppenbildende Art möglichst in flache Schalen pflanzen. Auf Grund der Herkunft sollte man eine durchlässige Kakteenerde mit 60–70% mineralisch-lehmigen Zusätzen verwenden und für eine gute Dränage sorgen. Wöchentlich mehrmals leicht nebeln!

Vermehrung: Aus Samen oder durch abgeschnittene Seitensprosse, die nach 3- bis 4-wöchigem Abtrocknen bewurzelt werden können.

Schädlinge: Spinnmilben, Wolläuse. Der Autor hält diese Gattung ohne Abdeckung im Frühbeet, – dadurch keinerlei Schädlinge.

Echinopsis Zucc. 1837

Heimat: Als diese Gattung 1837 eingeführt wurde, ahnte man nicht, daß durch Kreuzung unzählige Formen- und Farbvarianten geschaffen wurden, die bis heute nichts von ihrer Beliebtheit und ihrer Faszination verloren haben. Im deutschsprachigen Raum manchmal ein wenig verächtlich als »Bauernkaktus« bezeichnet, erfreuen doch die *Echinopsis*-Hybriden durch Leichtblütigkeit und ihre Bereitschaft, die meisten Pflegefehler großzügig zu verzeihen. Das Verbreitungsgebiet erstreckt sich vom Norden Boliviens bis Südargentinien, über Paraguay, Uruguay, Chile, Peru und bis in den

Echinopsis-*Arten zählen unstrittig zu jenen Kakteen, die weltweit gesammelt werden, –, dank ihrer Anpassungsfähigkeit.*

Süden Brasiliens. Sie sind im Tiefland ebenso anzutreffen wie im Hochgebirge, auf Trockenwiesen wie auf steinigem Untergrund.

Beschreibung: Meist kugelförmig wachsende Pflanzen, die im Alter eine Höhe von 40–50 cm und mehr erreichen können, – je nach Art. Die 8–18 Rippen sind meist sehr ausgeprägt. Die Bedornung ist sehr unterschiedlich, – von dornenlos bis mehrere Zentimeter Länge. Die Blüten sind bei einigen Exemplaren gewaltig, – eine Länge von 25 cm wird von vielen »Bauernkakteen« leicht erreicht. Die Abbildung zeigt eine etwa 50jährige *Echinopsis* mit 28 cm langen Blüten!

Pflege: Grundsätzlich fühlen sich *Echinopsis*-Hybriden drinnen und draußen wohl. Ab Mai bis Ende September an einen sehr hellen, sonnigen Platz im Freien stellen und mäßig wässern und düngen. Auf der Fensterbank benöti-

Alle Epiphyllum-*Arten lieben auch im Winter Temperaturen möglichst über 8 °C und natürlich einen hellen Standort.*

gen sie etwas mehr Feuchtigkeit, aber immer wieder die Erde abtrocknen lassen. In der Ruhezeit von Oktober bis April nur sehr wenig gießen, nicht düngen, aber kühl halten, bei etwa 5–10 °C. Nehmen Sie Kakteenerde mit etwa 30% mineralischen (lehmigen und sandigen) Zusätzen.
Vermehrung: Durch Seitensprosse oder Samen.
Schädlinge: Woll- und Wurzelläuse, Nematoden, Schildläuse.

Epiphyllum Haw. 1812

Heimat: Als epiphytische Bewohner des tropischen Regenwaldes kommen Vertreter dieser riesigen Gattung ebenso in Guatemala, Costa Rica, Honduras und Panama vor, wie im nördlichen Süd-Amerika, in den mexikanischen Staaten Oaxaca und Chiapas. Verschiedene Arten dieser Gattung sind in Venezuela, Brasilien, Bolivien, Britisch Guyana, Peru und Trinidad beheimatet.

Beschreibung: Meist epiphytisch wachsende Pflanzen mit reich verzweigten, aufrechten oder herabhängenden, dünnen, flachen, 2-3 kantigen Trieben, die je nach Art mehr oder weniger stark gekerbt sind. Die Bedornung bleibt – von Ausnahmen abgesehen – relativ schwach. Erheblich bekannter als die Blüten der Wildformen sind die sehr großblumigen Züchtungen, die man sehr bewußt und intensiv seit mehr als 150 Jahren durch Kreuzen der Stammarten oder auch durch Einkreuzen anderer Gattungen, z. B. von *Cereus*, erhalten hat. Durch systematische Zuchtarbeit werden diese Hybriden immer weiter verbessert. Blüten in nahezu allen Farben sind das Ergebnis!

Pflege: Wer die Möglichkeit hat, sollte die *Epiphyllum*-Hybriden von Mitte Mai bis Mitte September ungeschützt an einen halbschattigen Platz ins Freie stellen. In der sommerlichen Wachstumszeit leicht feucht halten und alle 4 Wochen etwas düngen. Ab Ende September nur noch sehr sparsam gießen und hell überwintern. Die Temperaturen sollten nicht unter 8 °C absinken. Gelegentliches Nebeln fördert das Wohlbefinden. Verwenden Sie eine normale, gute Blumenerde, die Sie mit faserigem Torf und evtl. mit Rindenstückchen verbessert haben. In flachen Schalen oder in Blumenkästen entwickeln sich die Epiphyllum-Hybriden besser, als in tiefen Töpfen. Staunässe unbedingt vermeiden!

Vermehrung: Durch ausgereifte Stecklinge, die nach 2wöchigem Abtrocknen bei 20-25 °C leicht bewurzelt werden können.

Schädlinge: Woll- und Schildläuse.

Espostoa melanostele (Vpl.) Borg.

Heimat: An trockenen Berghängen im Süden Ekuadors und in Zentralperu findet man *Espostoa*-Arten, – auch als Begleitpflanzen in regengrünen Wäldern, in den Westkordilleren und in den Trockentälern der Anden. Bereits 1823 wurden diese herrlichen weißen Säulen von Alexander von Humboldt erwähnt und im Tal des Rio Piura gesammelt.

Beschreibung: Bis zu 2 m hoher Kaktus, der sich bereits an der Basis verzweigen kann, dessen 18 bis 20 Rippen dicht weißfilzig behaart sind. Die bis zu 10 cm langen, gelben Mitteldornen stehen starr ab. Im blühfähigen Alter bildet diese Art im oberen Drittel ein etwa 50 bis 60 cm langes, seitliches Cephalium aus einer weißlichen und später intensiv braunen Bewollung. Aus diesem Cephalium schieben sich die etwa 6 cm langen, weißen Blüten, die nachts erscheinen.

Pflege: Alle *Espostoa*-Arten wünschen einen ganzjährigen vollsonnigen Standort und ein stark mineralisches, nährstoffreiches Substrat mit guter Dränage. Empfehlenswert ist ein sonniger Standort im Freien mit Regenschutz! Von Mai bis September sparsam gießen und ab Oktober völlig trocken halten. Morgens und abends mit kalkfreiem Wasser nebeln. Wintertemperatur: nicht unter 5 °C.

Vermehrung: Aus Samen, der bei 22-25 °C gut keimt. Nach 3-4 Monaten pikieren.

Schädlinge: Wurzelläuse, Nematoden.

Espostoa melanostele *nicht überbrausen, damit die hübsche, weiße Bewollung nicht verkalkt und unansehnlich wird.* ▼

Bei richtiger Pflege und sonnigem Standort blüht Graptopetalum bellum *sicher jedes Jahr.*

Graptopetalum bellum Rose

Heimat: Erst 1972 wurde diese hübsche, kleine Sukkulente von A. B. Lau in der Sierra obscura (Nord-Mexiko) entdeckt und mittlerweile zu der Gattung *Graptopetalum* gestellt. Die anderen etwa 15 Arten dieser Gattung sind – je nach Art – von den USA, Arizona, bis nach Mexiko verbreitet und werden dort in Höhen von bis zu 2500 m ü. d. M. angetroffen.

Beschreibung: *Graptopetalum bellum* ist eine sehr kompakte, stammlose Sukkulente, die aus dünnfleischigen, dunkelgrünen Blättern eine bis zu 8 cm große Rosette bildet, die sich dicht an den Boden schmiegt. Sie kann durch Seitensprosse schöne Gruppen bilden. Die Infloreszenzen sind karminrot und bei größeren, älteren Exemplaren mitunter sehr zahlreich. Die Blüten halten 2 bis 3 Wochen, verlieren aber nach und nach ihre frische, rote Farbe.

Pflege: Ganzjährig sehr heller und sonniger Standort! Von April bis Oktober sehr mäßig gießen, Staunässe vermeiden und niemals in

die Rosette gießen (Fäulnisgefahr!). Sehr sparsam in der Wachstumszeit düngen. Ab Ende Oktober kühl (nicht unter 6 °C) und trocken halten. Pflanzen Sie *Graptopetalum bellum* in flache, geräumige Schalen, und verwenden Sie Kakteenerde mit etwa 50 bis 60% lehmig-mineralischen Anteilen.
Vermehrung: Durch Seitensprosse oder flachgesteckte Einzelblätter, die etwa eine Woche abgetrocknet sind.
Schädlinge: Wurzel- und Wolläuse.

Gymnocalycium doppianum

Heimat: *Gymnocalycium* sind in fast ganz Südamerika östlich der Kordilleren zu finden. Das Hauptverbreitungsgebiet ist jedoch Argentinien, Uruguay und Paraguay. Diese winzige Art, eine Entdeckung der vergangenen Jahre, wurde von dem argentinischen Kakteensammler Helmut Fechser in der Provinz Cordoba, in der Sierra Grande in der Nähe von Los Gigantes gefunden und von Dr. R. Kiesling nach dem Autor dieses Büchleins benannt.
Beschreibung: Ausgewachsen erreichen diese weißbedornten Rübenwurzler einen Durchmesser von 3 bis 4 cm. Bei längerer Trockenheit ziehen sich diese kleinen, dunkelgrünen Kakteen nahezu völlig auf das Bodenniveau in die Erde zurück. Sie sprossen sehr reichlich und bilden ungemein hübsche Gruppen. Bereits an 2 cm großen Exemplaren erscheinen die großen kräftig-schwefelgelben Blüten bis zu 5 cm Durchmesser.
Pflege: Dieses *Gymnocalycium* ist dankbar für einen sehr hellen, aber nicht zu sonnigen Standort. Ein etwas regengeschütztes Plätzchen von Mai bis September im Freien dient dem Wohlbefinden. Ab Ende September trokken, hell und kühl halten. Verwenden Sie am besten ein sandig-mineralisches Substrat mit etwa 20% Humusgehalt und 10% Lehmzusatz.
Ab April in 3wöchigen Abständen sehr mäßig gießen und alle 6 Wochen ein wenig düngen.
Vermehrung: Durch Seitensprosse völlig problemlos und durch Samen, der sehr gut keimt. Pfropfen nicht notwendig.
Schädlinge: Wurzelläuse, Woll- und Schildläuse. Bei Standort im Freien: Schnecken.

Gymnocalycium doppianum, *mit Sicherheit eine der kleinsten* Gymnocalycium-*Arten, die je gefunden wurden.*

Leuchtenbergia principis Hook. 1848

Heimat: Die einzige Art dieser Gattung ist im zentralen und nördlichen Mexiko beheimatet: Coahuila, San Luis Potosi, Zacatecas und Guanajuato. Noch wächst dieser außergewöhnliche Kaktus häufig in der Sierra de la Paila, einem schwer zugänglichen, trockenen Wüstengebirgszug in etwa 1800 m Höhe. Ausgeprägte Sammelleidenschaften haben diese Pflanze in anderen Gebieten nahezu ausgerottet!
Beschreibung: Sehr alte Pflanzen können im Laufe der Jahrzehnte 30–40 cm hoch werden und mitunter auch vielköpfige Gruppen bilden. Auf der kräftigen Rübenwurzel stehen schräg aufwärts dreikantige, blaubereifte bis 12 cm lange, verlängerte Warzen, die an der Spitze bastartige, gelbliche Borsten tragen, die 6–8 cm lang werden können. Die großen, gelben bis 10 cm Durchmesser erreichenden Blüten erscheinen nur an älteren Exemplaren. Die Blüte bleibt mehrere Tage geöffnet.
Pflege: Dieser Kaktus benötigt ganzjährig sehr viel Licht und Sonne im Gewächshaus, im Frühbeet mit Regenschutz oder auf der Fen-

Ein sehr ungewöhnlicher Kaktus, der mit seinen langen, 3-kantigen Warzen fast an eine Agave erinnert.

sterbank. Mäßig gießen und Erde wieder austrocknen lassen. Von Oktober bis April völlig trocken halten, aber nicht unter 8 °C. Verwenden Sie rein mineralische Kakteenerde mit etwas zerstoßener Holzkohle und nicht zu flache Töpfe. Für Anfänger sind gepfropfte Exemplare empfehlenswert, die normale, handelsübliche Kakteenerde vertragen.
Vermehrung: Durch Samen, der bei 20–25 °C gut keimt. Sämlinge frühzeitig pfropfen oder nach 3 Monaten pikieren.
Schädlinge: Wolläuse, Nematoden.

Lithops N. E. Br.

Heimat: Seit der englische Botaniker William J. Burchell am 14. 9. 1811 die ersten Lithops bei Zand Vlei im Prieska-Distrikt in Süd-Afrika gefunden hat, wurden mehr als 90 anerkannte Arten und Varietäten entdeckt, und ständig kommen weitere hinzu. *Lithops* – unsere »lebenden Steine« – sind Bewohner der trockenen Sand- und Geröllwüsten Süd- und Südwest-Afrikas. Dort wachsen sie mitunter in Felsspalten oder nahezu völlig in Sand oder Lehm verborgen, wobei lediglich die oberen Endflächen ihrer hochsukkulenten Blätter nicht bedeckt sind. In Trockenzeiten ziehen sie sich völlig in das Erdreich zurück!

Beschreibung: Diese Pflanzen neigen zur Gruppenbildung und sitzen sehr tief in der Erde. Die nach oben gerichteten Blattendflächen können grau, braun, gelblich und mit allen dazwischen liegenden Varianten, Tönen und Zeichnungen sein. Je nach Art können die Blüten gelb oder weiß sein, die sich aus der Pflanzenmitte herausschieben. Die dominierenden Blütezeiten sind – je nach Standort – die Monate September bis Januar.
Pflege: In den Sommermonaten wachsen die *Lithops*, und am Ende der Wachstumszeit sterben nach und nach die alten Blattpaare ab. Von Juni bis August sehr sparsam gießen, Staunässe unbedingt vermeiden. Ab September bis Mai möglichst trocken halten, lediglich im Dezember oder Januar einmal leicht gießen. Ganzjährig sehr heller, temperierter Standort, – im Winter nicht unter 10 °C. Sehr bewährt hat sich eine durchlässige Kakteenerde mit mindestens 70 bis 80% sandigen (Quarzsand) und lehmigen Zusätzen und zerstoßener Holzkohle.
Vermehrung: Aus Samen oder aus abgetrennten Blattpaaren. Die Aussaat ist recht einfach, – nach etwa 3 Jahren kann man bereits blühfähige *Lithops* erhalten.
Schädlinge: Wurzelläuse.

Lobivia pentlandii (Hook. 1844) Br. & R.

Heimat: Aus dem Namen des Hauptverbreitungsgebietes Bolivia entstand durch ein Anagramm (Buchstabenversetzung) die Gattungsbezeichnung *Lobivia*. Verschiedene Arten dieser sehr umfangreichen Gattung sind auch in

Lithops, *hübsche, kleinbleibende Sukkulenten, die zu den Aizoaceae gehören.* ▼

Durch Seitensprosse läßt sich Mammillaria prolifera *(rechts) problemlos vermehren.*

Peru und in Nordargentinien zu finden. Die abgebildete Form wurde in Südperu und in Nord-Bolivien am Titicacasee bis in fast 4000 m Höhe gefunden.

Beschreibung: Im Alter etwas länglich wachsende, reich sprossende Art mit dunkelgrünem Körper. Die etwa 12–15 Rippen sind deutlich gekerbt. Die Areolen tragen 7–12 bräunliche, unregelmäßig lange Randdornen, wobei der längste durchaus 5–6 cm Länge erreichen kann. Sowohl die Form der Pflanze als auch die Blütenfarbe dieser Art variieren. So sind dunkelrote, karminrote, gelbe und orangefarbene Blüten bekannt.

Pflege: Der idealste Platz für alle *Lobivia*-Arten ist von Ende April bis Ende September ein ungeschützter Standort im Freien. Volle Sonne und gleichmäßige, leichte Feuchtigkeit in dieser Zeit. Ab Oktober absolut trocken und kühl halten, – im Gewächshaus, Frühbeet oder auch auf einer ungeheizten Fensterbank. Auch im Winter viel und ausgiebig lüften. Intensive Lichteinstrahlung und hohe Temperaturunterschiede entsprechen dem Heimatstandort im Hochgebirge. Wählen Sie durchlässige Kakteenerde mit etwa 60–70% mineralisch-lehmigen Zusätzen. Düngen Sie in der sommerlichen Wachstumszeit nur alle 4 Wochen.

Der Autor überwintert etwa 100 *Lobivia* völlig trocken in einem ungeheizten Frühbeet bei bis zu minus 6–8 °C ohne Schäden.

Vermehrung: Durch Seitensprosse, die man nach etwa 2wöchiger Trocknung leicht bewurzeln kann. Auch durch Samen.

Schädlinge: Spinnmilben, Schild- und Wolläuse.

(→Abbildung Seite 52)

Mammillaria prolifera (Mill. 1768) Haw.

(rechte Pflanze in obiger Abbildung)

Mammillaria hahniana Werd. 1929

(linke Pflanze in obiger Abbildung)

Heimat: Die meisten Arten der enorm umfangreichen Gattung *Mammillaria* sind in den südlichen USA und in Mexiko beheimatet. Man trifft sie aber auch in Mittelamerika bis nach

Kolumbien und auf den Antillen. *Mammillaria prolifera* kommt von den Antillen und *Mammillaria hahniana* aus Mexiko (Queretaro, Guanajuato, Sierra de Jalapa), dort wächst sie noch in über 2000 m Höhe.
Beschreibung: *Mammillaria prolifera:* Sehr reich sprossender Kaktus, der nicht mehr als 5–6 cm Höhe erreicht. Die herrlichen, leuchtendroten Früchte fallen sofort auf, während man die kleinen cremefarbenen Blüten leicht übersehen kann.
Mammillaria hahniana: Breitkugeliger Kaktus, der mehr als 15 cm Durchmesser erreichen kann und nur selten sproßt. Hübsche purpurfarbene Blüten bilden einen großartigen Kontrast zu der mitunter sehr langen, haarartigen, weißen Bedornung.
Pflege: Stellen Sie beide Arten ganzjährig sehr sonnig auf und verwenden Sie eine nährstoffreiche, aber durchlässige Kakteenerde mit etwa 40 bis 50% mineralischen Anteilen. Von April bis September etwa alle 14 Tage mäßig gießen und monatlich etwas düngen. Im Winter völlig trocken halten und bei Temperaturen nicht unter 5 °C ruhen lassen.
Vermehrung: Durch Samen. *Mammillaria prolifera* auch leicht durch Seitensprosse, die rasch und völlig problemlos anwachsen.

Melocactus-*Arten sind sehr kälteempfindlich, deshalb ganzjährig temperiert pflegen.*

Schädlinge: Spinnmilben, Woll- und Wurzelläuse.

Melocactus (Tourn.) Lk. & Otto 1827

Heimat: Das Hauptverbreitungsgebiet erstreckt sich vom Süden Mexikos, über Guatemala, Honduras, den Westindischen Inseln bis nach Süd-Amerika, von der Ostküste bis nach Brasilien, von der Westküste bis nach Peru. Bereits 1588 zeigte Jacobus Theodorus Tabernaemontanus in seinem großartigen Kräuterbuch den »Melocarduus«, – seinerzeit »Melonendistel« genannt. Mit größter Wahrscheinlichkeit war es wohl ein Melokaktus, der von Christoph Columbus zusammen mit Opuntia-Arten nach Europa gebracht wurde. Damals wie heute eine Kostbarkeit!
Beschreibung: Mehr oder weniger breitkugelige Pflanzen mit kräftiger Bedornung, die ihr vegetatives Wachstum mit der Ausbildung eines terminalen, von Borsten durchsetzten Wollschopfes beenden, aus dem sich die kleinen etwa 1–2 cm großen meist karminroten Blüten schieben. Alle *Melocactus*-Arten sind Flachwurzler, die empfindlich auf Wurzelverletzungen aller Art reagieren.
Pflege: Standort ganzjährig warm und in voller Sonne! Verwenden Sie möglichst flache Schalen und sehr durchlässige Kakteenerde mit etwa 70% Zusätzen an Granitgrus, Lava, Bims- und Quarzkies. Stets mäßig feucht halten, aber Staunässe vermeiden. In der winterlichen Ruhezeit nicht unter 15 °C und nur minimal gießen. Alle 8 Tage zart nebeln, im Sommer täglich. Vor allem Zug und langes Lüften im Winter unterlassen.
Cephaliumtragende Importpflanzen sind äußerst empfindlich und wurzeln nur sehr schwer!
Vermehrung: Nur durch Samen, der bei 25 °C gut keimt. Durch Sämlingspfropfung erreicht man eine problemlosere Anzucht.
Schädlinge: Woll- und Schildläuse.

Notocactus mueller-moelleri

Frič ex Fleisch. & Schütz

Heimat: In Uruguay, am Fuße des Cerro Largo, wurde die Typpflanze des *Notocactus mueller-moelleri* gefunden. Diese hier abgebildete

Notocactus mueller-moelleri *gehören in jede Sammlung. Die Pflege auf der Fensterbank ist ohne weiteres möglich.*

Form ist eine Hybride, die ich bewußt zeige, um eine Lanze für die mitunter sehr robusten und blühfreudigen Ergebnisse einer bestäubungsfreudigen Biene zu brechen. Man bedenke, eine 3jährige Jungpflanze mit einem Durchmesser von knapp 3 cm produziert 4 riesige Blüten zur Freude eines jeden Kakteenfreundes.

Beschreibung: Eine nahezu kugelige Pflanze mit etwa 20 Rippen. Auf den weißfilzigen Areolen sitzen etwa 20 kurze Dornen, die dicht am Pflanzenkörper anliegen. Die Blüten erreichen einen Durchmesser von 5 cm und erscheinen willig bereits an jungen Exemplaren.

Pflege: Verwenden Sie möglichst durchlässige Kakteenerde mit 40% lehmig-mineralischen Zusätzen. Diese Pflanzen lieben ganzjährig einen hellen, sonnigen Standort, der von Mai bis in den Herbst auch an geschützter Stelle im Freien sein darf. Von April bis September mäßig feucht halten und alle 6 Wochen leicht düngen. In der winterlichen Ruhe ab Oktober nicht unter 5 °C und völlig trocken halten.

Vermehrung: Durch Samen. Keimt leicht, nach 3 bis 4 Monaten pikieren.

Schädlinge: Woll- und Wurzelläuse, Nematoden. Bei Standort im Freien können Knospen und Blüten durch Schnecken angefressen werden.

Notocactus uebelmannianus

Buin. 1968

Heimat: In Brasilien, in Rio Grande do Sul bei Cacapava, hat man diese herrliche Art gefunden und nach Werner Übelmann, Schweiz, benannt. In dem sandigen, grasigen Boden am Standort ist diese Pflanze kaum zu erkennen, wenn sie nicht gerade blüht. *Notocactus*-Arten zählen zu den schönsten und interessantesten Kakteen!

Beschreibung: Die flachkugelige Pflanze kann durchaus 15 cm Durchmesser erreichen. Weißwollige Areolen mit etwa 6 bis 8 eng anliegenden, weißlichen Randdornen garantieren, daß man beim Umtopfen niemals Probleme hat. Besonders auffallend sind die sommerlichen

Zu den schönsten »Notos« zählt Notocactus uebelmannianus *aus Rio Grande do Sol, Brasilien.*

weinroten oder dunkelvioletten bis etwa 5 cm breiten Blüten mit roten Narben.

Pflege: Verwenden Sie durchlässige Kakteenerde mit 40–50% lehmig-mineralischen Zusätzen. Ganzjährig sehr heller Standort, – von Mai bis September auch an geschützter Stelle im Freien. Im Winter nicht unter 8 °C, möglichst wärmer, dennoch nahezu trocken halten. Von April bis September mäßig feucht halten und alle 4 Wochen leicht düngen. Stehende Nässe unbedingt vermeiden. Bei Fensterbankpflege viel lüften. Problemlose Pflanze, die wirklich viel Freude bereitet!

Vermehrung: Durch Samen, der bei 22–26 °C gut keimt. Nach 3–4 Monaten in frische Erde pikieren. Pfropfen nicht notwendig!

Schädlinge: Schildläuse, Woll- und Wurzelläuse, Spinnmilben.

Opuntia humifusa Raf.

Heimat: Eine bei uns absolut winterharte *Opuntia*-Art, die in den USA und in Mexiko beheimatet ist und noch weit in den Norden Kansas sowie bis an die Südgrenze Kanadas vordringt. Sie wachsen meist auf sandig-mineralischen Böden und auf Felsen aus Granit, Kalkstein und Sandstein sowie auf Hügeln, in Tälern und in Küstennähe.

Beschreibung: *Opuntia humifusa* und ihre Varietäten bilden niedrige, flache Gruppen, meist nur 10 bis 20 cm hoch werdend, die sprossend und kriechend wachsen. Im Winter nehmen die sonst dunkelgrünen, eiförmigen bis kreisrunden Triebe eine oftmals rötlich Farbe an. Die Areolen sind meist dornenlos, weisen aber tückische Glochiden auf, die leicht in der Haut stecken bleiben. In der sommerlichen Blütezeit erscheinen in reichem Maße die 6 bis 8 cm großen gelben, glänzenden Blüten. Die Früchte werden purpur bis rötlich. Die Variabilität dieser *Opuntia* ist wohl durch ihr unglaublich großes Verbreitungsgebiet zu erklären.

Pflege: Sorgen Sie für einen sonnigen Platz im Freien, am besten Südhanglage oder auch im Balkonkasten. Eine gute Dränage aus Kies, grobem Sand, zerstoßenen Tonscherben ist unerläßlich. Keinerlei Regen- oder Kälteschutz ist erforderlich! Im Sommer nur bei anhaltender, langer Trockenheit gießen. *Opuntia humifusa* sollte möglichst im Mai oder Juni gepflanzt werden, damit sie sich eingewöhnen und gut durchwurzeln kann.

Opuntia leucotricha – *ideal für große Kübel oder für das freie Auspflanzen im Gewächshaus.* ▶

Vermehrung: Problemlos durch ausgereifte, abgetrocknete Blattstecklinge.
Schädlinge: Mitunter Schnecken.

Opuntia leucotricha DC. 1828

Heimat: Auf den wasserarmen Hochebenen Mexikos, in einer Höhe von etwa 1400–2000 m eine weitverbreitete *Opuntia*-Art. Vor allem in den Staaten San Luis Potosi, in Zacatecas, in Durango und in Hidalgo wächst sie auf sandig-lehmigen Böden. Abbildungen von *Opuntia* gehören neben denen von Melocactus zu den ältesten Kakteenabbildungen überhaupt. Man vermutet, daß dieser Name 1565 von Mathiolus geschaffen wurde. Mit größter Wahrscheinlichkeit hat Columbus die ersten *Opuntia*-Arten als seinerzeit große Attraktion mit nach Europa gebracht.

Bei guter Drainage übersteht Opuntia humifusa *die Winter in Mitteleuropa problemlos.* ▼

Beschreibung: Diese weißhaarige *Opuntia* wird auch bei uns bis zu 3 m hoch, sofern man sie frei im Gewächshaus auspflanzt. Die Triebe können etwa 25 cm lang und bis zu 15 cm breit werden. Zunächst sitzen auf den Areolen etwa 8–12 weiße Dornen, die im Alter bis zu 15 cm langen Borsten auswachsen und dem verholzenden Stamm und den kräftigen Ästen ein interessantes »vergreisendes« Aussehen verleihen. Die gelben 6–8 cm breiten Blüten erscheinen willig bei sonnigem Stand an größeren Pflanzen. Die Wuchskraft der *Opuntia leucotricha* ist enorm. Der Autor besitzt entsprechende Exemplare, die pro Jahr mehr als 1000 Blüten und 70–80 neue Blätter produzieren.
Pflege: Frei ausgepflanzt an sonniger Stelle im Gewächshaus wäre ideal. Aber auch in einem geräumigen Kübel entwickelt sich diese *Opuntia* ausgezeichnet, könnte aber rasch zu einem Transportproblem werden. Viel Licht und Sonne sind unerläßlich! Von Mitte Mai bis September fühlt sie sich im Freien wohl. In Abständen von 4 Wochen kräftig gießen, – möglichst nicht düngen, damit man die Wuchskraft noch kontrollieren kann. Im Winter hell, trokken und kühl, aber frostfrei!
Vermehrung: Völlig problemlos durch ausgereifte Stecklinge.
Schädlinge: Schild- und Wolläuse.

Selten im Fachhandel ist Orostachys spinosus *aus Tibet zu finden.*

Orostachys spinosus (L.) Bgr.

Heimat: Eine hübsche, absolut winterharte Sukkulente aus der Familie der Crassulaceae, die in gebirgigen Gegenden Ost-Asiens (Mongolei, Sibirien, Altai, West-Tibet, Tienschan, usw.) auf Trockenwiesen und steinigen Hängen wächst.
Beschreibung: In Gruppen wachsende Sukkulente, die eine sehr dichte und vielblättrige Rosette bildet, die einen Durchmesser von 8 bis 10 cm erreicht. Die graugrünen, dickfleischigen Blätter haben eine etwas spatelige Form. Mehrjährige Pflanzen blühen mit einer etwa 30 bis 50 cm hohen ährenförmigen Rispe, die sich aus dem Herz der Pflanze nach oben schiebt. Die Abbildung zeigt eine *Orostachys spinosus* mit einem beginnenden Blütenstand, – die gelben Blüten sind nur wenige Millimeter groß. Nach der Blüte stirbt die Mutterpflanze ab, die aber bereits reichlich für Nebenrosetten gesorgt hat.
Pflege: Sehr sonniger Standort im Freien ohne jeden Regenschutz. *Orostachys spinosus* liebt eine gute Dränage im Erdreich oder sehr steile Hanglagen nach Süden abfallend. Man kann diese Art auch auf eine Tuffsteinhöhle setzen. Schwere Lehmböden oder nasser Untergrund müssen durch Beimischung von Bims, Lava- oder Granitgrus und zerstoßenen Tonscherben durchlässiger gemacht werden.
Vermehrung: Durch Nebenrosetten. Vermehrung durch Aussaat ist möglich, aber sehr langwierig.
Schädlinge: Nicht bekannt, evtl. Schnecken.

Parodia Speg. 1923

Heimat: *Parodia* gehören zu den farbenprächtigsten und schönsten Blühern Südamerikas. Vor allem in Argentinien, Bolivien, Paraguay und Brasilien findet man die größten Populationen. Verschiedene *Parodia*-Arten kommen in Höhen bis zu 4000 m vor. Benannt nach dem ersten großen Erforscher der Flora Paraguays, Dr. Domingo Parodi. Bis heute sind etwa 100 Arten und Varietäten bekannt.
Beschreibung: Im allgemeinen sind *Parodia* kugelig und können im Alter auch kurzsäulig werden. Einige Arten bilden durch Sprossung

Parodia *sind ideale Kakteen für ein gut gelüftetes Frühbeet oder für den sommerlichen Standort im Freien.*

hübsche Gruppen. Auch in den äußeren Dimensionen dieser sehr formenreichen Gattung gibt es eine unglaubliche Vielfalt, wenn man nur die *Parodia gigantea* mit der winzigen *Parodia minima* vergleicht. Die Bedornung ist in Zahl, Länge, Form und Farbe sehr unterschiedlich. Alle Arten blühen in leuchtend-frischen Farben, – in allen Gelb- und Orange-Tönen sowie rot in allen Varianten.

Pflege: *Parodia* lieben frische Luft, deshalb wäre ein etwas geschützter Platz im Freien von Mai bis September ideal. Ein gut gelüftetes Frühbeet, ein Gewächshaus oder auf einer Fensterbank können als Standort ebenfalls gewählt werden. Voraussetzungen sind ein vollsonniger Standort und eine durchlässige Kakteenerde mit etwa 50% mineralischen und lehmigen Zusätzen. Im Sommer sehr mäßig gießen und alle 4 Wochen etwa 0,05%ig düngen. In der winterlichen Ruhe ab Oktober völlig trocken, sehr hell und kühl halten. Mehrmaliges leichtes Nebeln pro Woche fördert das Wohlbefinden. Sehr robuste, pflegeleichte Kakteen, die man nicht durch übertriebene Düngung und Wärme verweichlichen sollte.

Vermehrung: Durch Samen, der bei 25–28 °C gut keimt. Sämlinge nach 4–5 Monaten pikieren oder nach 2–3 Monaten auf *Peireskia* pfropfen.

Schädlinge: Woll- und Wurzelläuse.

Pelecyphora aselliformis Ehrenbg. 1842

Heimat: Bei San Luis Potosi in Nord-Mexiko wächst diese im Volksmund als »Asselkaktus« bezeichnete Pflanze auf begrasten, humusreichen Kalkfelsen. Man trifft dort oftmals auf Exemplare, die mit Moosen eingewachsen sind und sich bei Regen regelrecht vollsaugen.

Beschreibung: Im Alter wird *Pelecyphora aselliformis* leicht keulig mit ausgeprägter rübiger Wurzel. Die seitlich zusammengedrückten Warzen bilden beilartige Höcker, auf denen die länglichen Areolen mit enganliegenden Dornen sitzen. Aus der Scheitelwolle kommen die etwa 2–3 cm großen karminvioletten Blüten, die sich nur bei voller Sonne vollends öffnen. Es gibt auch eine weißblühende Varietät: *Pelecyphora aselliformis* var. *albiflora*.

Pflege: Ganzjährig sehr sonnig halten. Im Gewächshaus sind die Überlebens-Chancen dieser Pflanze sehr viel besser als auf einer Fensterbank. Man sollte eine überwiegend mineralische Kakteenerde mit mindestens 70–80% Anteilen an Bims, Lava, Granitgrus und etwas Lehm verwenden und zusätzlich für eine gute Dränage sorgen. Stauende Nässe unbedingt vermeiden! Von Mai bis September alle 6 Wochen durchdringend gießen und anschließend wieder abtrocknen lassen. Ab Oktober bei etwa 8–10 °C völlig trocken halten.
Importpflanzen nicht unter 15 °C halten! Sämlinge sind erheblich widerstandsfähiger, wenn sie auf *Trichocereus* oder *Eriocereus* gepfropft werden.

Vermehrung: Nur durch Samen, der bei 25 °C gut keimt. Sämlinge pfropfen.

Schädlinge: Nematoden, Wurzelläuse.
(→Abbildung Seite 43)

Rebutia K. Sch. 1895

Heimat: *Rebutia*-Arten sind in West- und Nordwest-Argentinien ebenso anzutreffen wie

Die umfangreiche Gattung Rebutia *wurde nach Pierre Rebut, Kakteengärtner bei Lyon, benannt.*

in Bolivien. In den Niederungen findet man sie gleichermaßen wie in Höhen von 3800 m, in der Trockenpuna, in Felsspalten und auf Wiesengelände. Die Abbildung zeigt einen kleinen Ausschnitt aus einer *Rebutia*-Sammlung.

Beschreibung: Alle *Rebutia*-Arten bleiben bei richtiger Pflege zwergig-kugelig, bilden aber im Alter hübsche Gruppen, die man möglichst nicht teilen sollte. Die Bedornung ist meistens kurz. Einige *Rebutia*-Arten bilden eine kräftige Rübenwurzel. Je nach Art kann die Blütenfarbe variieren: weiß, gelb, dunkel- und hellrot, orange, rosa, violett, usw. Die Blüten sind selbstfertil, von Ausnahmen abgesehen, so daß man rasch und problemlos Samen ernten kann.

Pflege: Absolut problemlose Pflanzen! Alle *Rebutia*-Arten wollen ganzjährig einen sehr sonnigen Standort, – von Mai bis Ende September auch im Freien ohne jeden Regenschutz. Lassen Sie die Erde in der sommerlichen Wachstumszeit nie ganz austrocknen und düngen Sie sparsam. Ab Oktober lassen Sie *Rebutia* völlig trocken ruhen, wobei Temperaturen um 0 °C vertragen werden. Gießen Sie im Frühjahr am besten erst dann, wenn die ersten Blütenknospen sichtbar werden.

Verwenden Sie durchlässige, sandig-mineralische Erde mit 30–40% Humusgehalt. Ältere Exemplare fühlen sich zu mehreren in einer flachen Tonschale wohl.

Vermehrung: Durch Samen oder Seitensprosse, die nach 2wöchiger Abtrocknung im Mai oder Juni gut wurzeln.

Schädlinge: Spinnmilben, Woll- und Wurzelläuse. Bei Standort im Freien auch Schnecken.

Schlumbergera Lem. 1858

Heimat: Das gesamte Verbreitungsgebiet dieser Gattung erstreckt sich über die ostbrasilianischen von feucht-warmem Bergwald bedeckten Gebirgszüge wie das Orgelgebirge, das Itatiaia-Gebirge, die Staaten Sao Paulo, Minas Gerais und Rio de Janeiro sowie das mittelbrasilianische Bergland.

Aus den mittlerweile gefundenen 6 Wildarten entstanden durch gärtnerische Kreativität herr-

Alle Schlumbergera-*Arten lieben einen feucht-warmen und sehr hellen Standort.*

liche, leichtblühende Farbvarianten in Weiß, Rosa, Hell- und Dunkelrot, Gelb, Violett sowie sogar 2farbige Varianten. Als Weihnachtskakteen haben sich die *Schlumbergera*-Hybriden einen festen Stammplatz in jeder Sammlung erobert.

Beschreibung: Die epiphytisch-strauchig wachsende Pflanze mit abgeflachten, deutlich gegliederten, etwa 4 cm langen Sprossen bringt leicht zygomorphe Blüten hervor. Die Triebe sind meist zwei-, selten dreikantig.

Pflege: Alle *Schlumbergera*-Arten und ihre Hybriden lieben ein sauer reagierendes, durchlässiges Substrat aus Blumenerde, faserigem Torf, Rindenstückchen und evtl. leicht verrottetem Nadel- und Buchenlaub. Flache Schalen sind geeigneter als tiefe Töpfe!

Von Mai bis September an geschützten, halbschattigen Platz ins Freie stellen und bis Anfang August mäßig gießen und nur leicht düngen. Ab Mitte August bis Mitte September trocken halten und erst wieder gießen, wenn die ersten Knospen erscheinen. Im Winter ebenfalls hell stellen, aber weniger gießen und die Temperatur nicht unter 12 °C sinken lassen.

Vermehrung: Durch mehrjährige Blattstecklinge, die man nach 10tägiger Trocknung in torfhaltigem Substrat bei etwa 25 °C leicht bewurzeln kann. Hochstämmchen erhält man durch Pfropfung auf *Peireskia aculeata*, verschiedene *Trichocereus*-Arten oder auf *Selenicereus*.

Schädlinge: Spinnmilben, Woll- und Schildläuse.

Setiechinopsis mirabilis

(Backbg.) de Haas 1940

Heimat: In Argentinien (bei Colonia Ceres, Santiago del Estero) ist diese monotypische Gattung beheimatet. Man bezeichnet sie dort gebietsweise auch als »Flor de adoration« = Blume der Anbetung!

Beschreibung: *Setiechinopsis mirabilis* wird etwa 12-15 cm hoch und 2 cm dick. Sehr ungewöhnlich ist die Farbe der Pflanze: dunkelbräunlichgrün, je nach Standort noch dunkler. Sie bildet etwa 15 Rippen, auf denen die Areo-

len mit dünnen, weißlichen Dornen sitzen. Die sich nachts öffnenden weißen Blüten sind etwa 12–13 cm lang und selbstfertil. Die Blüten duften intensiv, aber angenehm nach Vanille.
Pflege: Ganzjährig sehr sonniger Standort, von Mai bis September durchaus auch im Freien. Ab Oktober trocken und kühl, bis +2 °C. In der sommerlichen Wachstumszeit stets mäßig gießen, aber Staunässe unbedingt vermeiden. Im Sommer 2 bis 3mal düngen. *Setiechinopsis mirabilis* liebt Kakteenerde mit 30 bis 40% lehmig-mineralischen Zusätzen und eine gute Dränage.
Vermehrung: Sehr leicht durch Samen, der bei dieser selbstfertilen Pflanze reichlich anfällt. Bei 23–26 °C aussäen, gut feucht halten und nach 2–3 Monaten bereits pikieren.
Schädlinge: Spinnmilben, Wurzel- und Wolläuse.
(→Abbildung Seite 40)

Stapelia L.

Heimat: Die verschiedenen *Stapelia*-Arten sind in Süd-Afrika, in Kenia und Tansania sowie in Vorderindien beheimatet. Sie gedeihen dort auf mineralisch-lehmigem Untergrund in trokkenen, verhältnismäßig steinigen Gebieten mit allerlei Begleitflora wie Sträuchern und Trokkengräsern.
Beschreibung: Die meist aufrechten, vierkantigen, dunkelgrünen, weichfleischigen Stämmchen verzweigen sehr frühzeitig und bilden rasenförmige, große Gruppen. Prachtvolle, gigantische Blüten – bis 35 cm Durchmesser – sind ebenso vertreten wie sehr kleine, nur wenige Zentimeter messende Blüten. Fast alle *Stapelia*-Blüten verströmen einen aasartigen Duft, der mitunter in geschlossenen Räumen recht unangenehm sein kann und zahlreiche Schmeißfliegen anlockt.
Pflege: Ganzjährig sehr heller, halbsonniger Standort. Von April bis September in 4wöchigen Abständen durchdringend gießen und anschließend die Erde wieder völlig austrocknen lassen. Ab Oktober trocken bei Temperaturen um 10 °C ruhen lassen. Verwenden Sie Kakteenerde mit 40 bis 50% lehmig-mineralischen Zusätzen und etwas zerstoßener Holzkohle mit guter Dränage. In flachen Schalen kann sich die Pflanze besser entwickeln und reich sprossen.

Die Gattung Stapelia *zählt zu der Asclepiadaceae. Die Blüten können gewaltig sein.*

Achtung: Übermäßig gedüngte *Stapelia* werden anfälliger gegen die gefürchtete Schwarzfäule, deshalb lieber nicht düngen, sondern alle 2 Jahre umtopfen!
Vermehrung: Durch Sproßstecklinge, die nach 2wöchigem Abtrocknen gut wurzeln.
Schädlinge: Wurzel- und Wolläuse.

Submatucana paucicostata

(Ritt.) Backbg. 1969

Heimat: Das Verbreitungsgebiet sämtlicher *Submatucana*-Arten erstreckt sich von Nordperu (Dept. Cajamarca) bis zum südlichen Peru (auch in den innerandinen Trockentälern), von 300 m bis über 4000 m Höhe in der Cordillera Blanca. Die abgebildete Art ist im Dept. Ancash der Provinz Huari in 2000 m Höhe auf mineralischen und steinigen Böden zu finden.

Beschreibung: In der Literatur auch unter *Matucana paucicostata* zu finden. Man hat die Gattung *Submatucana* jedoch von *Matucana* abgetrennt, weil die *Submatucana*-Blüten mehr oder weniger stark behaart sind. Die Abtrennung der Gattung ist aber wissenschaftlich umstritten! *Submatucana paucicostata* wird im Alter bis zu 13 cm hoch und etwa 8 cm dick. Die stark variierende, dunkelgrüne Pflanze hat 7–11 ausgeprägt gehöckerte Rippen und pro Areole bis zu 10 Dornen. Sie ist ein wahrer Dauerblüher! Von Juli bis September zeigt sie bei richtiger Pflege ihre dunkelzinnoberroten, leicht zygomorphen, selbststerilen Blüten.

Pflege: Ganzjähriger, sehr sonniger Standort, – von Mai bis September durchaus mit etwas Regenschutz im Freien. Verwenden Sie durchlässige Kakteenerde mit mindestens 50% lehmig-mineralischen Zusätzen. Von Mai bis Oktober mäßig gießen und alle 6 Wochen leicht düngen. Ab Ende Oktober völlig trocken halten und viel lüften. Im Winter nicht unter 6 °C halten.

Vermehrung: Durch Samen oder Pfropfung von Seitensprossen, die nach 2wöchiger Abtrocknung vorsichtig im Mai, Juni oder Juli bewurzelt werden können.

Schädlinge: Spinnmilben, Woll- oder Schildläuse.

Sulcorebutia verticillacantha Ritt. 1962

Heimat: In den Hochgebirgen Boliviens sind die *Sulcorebutia* beheimatet. Bis in einer Höhe von 3500 m trifft man die kleinen Pflanzen in Felsspalten, an trockenen Hängen und in der Trockenpuna. Auf Grund der teilweise sehr kräftigen Rübenwurzel können sie sehr lange Trockenzeiten überdauern.

Beschreibung: Nur etwa 3 cm Durchmesser erreicht diese frischgrüne Pflanze, die bereits frühzeitig sproßt und entsprechend interes-

Für kleinere Sammlungen auf sehr sonnigen Fensterbänken im Freien eignen sich Sulcorebutia, *hier* Sulcorebutia verticillacantha.

sante Gruppen bildet. Die Rübenwurzel erreicht oben ebenfalls nahezu 3 cm Durchmesser und kann 5-6 cm lang werden. Die Rippen sind durch kleine Höcker aufgelöst, auf denen die etwa 4 mm langgestreckten Areolen mit enganliegenden Dornen sitzen. Die Blüten variieren von leuchtend hellviolettpurpur bis zinnoberrot und im Blütenschlund gelborange.
Pflege: *Sulcorebutia* lieben viel frische Luft und volle Sonne! Sie können deshalb von Mai bis September an geschützter Stelle im Freien stehen. In dieser Zeit sparsam gießen, und die Erde immer wieder austrocknen lassen. Ab Oktober völlig trocken, hell und kühl halten. Von Mitte Juli bis Mitte August sollte man nicht gießen und den Pflanzen eine kurze Sommerruhe gönnen. Alle 3-4 Tage leicht nebeln!
Verwenden Sie eine Kakteenerde mit etwa 50-60% mineralischen Zusätzen mit guter Topfdränage.
Vermehrung: Durch Seitensprosse, die man nach 2wöchigem Abtrocknen pflanzen kann. Durch Pfropfung und durch Samen.
Schädlinge: Spinnmilben, Woll- und Wurzelläuse.

Thelocactus lophothele *ist ausgewachsen eine wirklich imposante Erscheinung mit einer kräftigen Bedornung.*

Thelocactus lophothele (Sd. 1850) Br. & R.

Heimat: Aus der Chihuahua-Wüste Mexikos kommt dieser attraktive Kaktus zu uns. Auf steinig-sandig-lehmigen Hängen drückt er sich flachkugelig in den Boden, vielfach wird er fast zugeweht und ist dann kaum zu erkennen. Die etwa 20 bekannten Arten gehören zu den begehrtesten Liebhaberkakteen.
Beschreibung: Als ausgewachsene Pflanze erreicht der *Thelocactus lophothele* einen Durchmesser von nahezu 20 cm. Seine 15 bis 20 Rippen werden durch sehr ausgeprägte Höcker unterteilt, auf deren Spitze die Areolen mit den pfriemlichen, schwarzen Dornen sitzen. Der Mitteldorn kann etwa 4 bis 5 cm lang werden. Die in Farbe und Größe variierenden Blüten können sich mitunter aufgrund der ihre Entfaltung behindernden Dornen nicht richtig öffnen.

Pflege: Alle *Thelocactus*-Arten lieben ein durchlässiges, nährstoffreiches, überwiegend mineralisches Substrat und einen ganzjährig sehr sonnigen Standort, – im Sommer auch etwas regengeschützt im Freien. In der Wachstumszeit von Mai bis September nur mäßig gießen und alle 4 Wochen 0,1%ig düngen. Ab Oktober, während der winterlichen Ruhezeit, geben Sie kein oder nur minimal Wasser in den Untersatz. Wintertemperaturen: 8-10 °C. Gute Dränage ist empfehlenswert!
Vermehrung: Durch Samen. Keimt bei 25 °C gut, nach 3 Monaten pikieren oder pfropfen. Ab Walnußgröße wieder bewurzeln und wurzelecht weiterwachsen lassen!
Schädlinge: Schild- und Wolläuse, Nematoden.

Die wichtigsten Fachausdrücke

Areolen:
Mehr oder weniger wehrhafte Dornenpolster an vielen Kakteen. Gleichzeitig Endpunkte der Seitensprosse im Kakteenkörper. Aus den Areolen entspringt bei einigen Kakteen auch die Blüte.

aride Gebiete:
Trockene, wüstenartige Gebiete mit einer durchschnittlichen Niederschlagsmenge von unter 200 mm pro Jahr. Die jährliche Verdunstung übertrifft die Höhe der jährlich fallenden Niederschläge.

Art:
Grundeinheit der Systematik. Arten erhalten 2 Namen, den großgeschriebenen Gattungsnamen und den kleingeschriebenen Artnamen (z. B. *Aztekium ritterii*).

Axillen:
Vor allem bei Warzenkakteen *(Mammillaria)* die Vertiefungen zwischen den Warzen, aus denen vielfach die Blüten erscheinen.

Axillenwolle:
Haar-, Woll- oder Borstenbildung zwischen den Warzen.

Beizen:
Abtöten von Krankheits- und Fäulniserregern am Saatgut (Trocken- oder Naßbeizung!).

Biotop:
Lebensraum einer bestimmten Art oder Gattung.

Cephalium:
Schopfartige Borsten- oder Haarbildung in der Blühzone bestimmter Kakteen (z. B. *Melokaktus*).

Chlorophyll:
Grüner Pflanzenfarbstoff, mit dessen Hilfe die Photosynthese bei Licht stattfindet. Sie ermöglicht die Assimilation des Kohlendioxids.

Chlorose:
z. B. durch Eisenmangel verursachte Gelbsucht, mangelnde Chlorophyllbildung.

Cristate:
Kammform oder Verbänderung, bandartig verbreiterter Vegetationspunkt. Spontane Erscheinung! Keine Krankheit!

dichotomische Teilung:
Der Vegetationsscheitel teilt sich in 2 verschiedene Scheitel (Köpfe). Einige Arten, vor allem *Mammillaria*, neigen dazu.

Dornen:
Im botanischen Sinne entsprechen Dornen umgewandelten Blättern. Die Stacheln der Kakteen sind also botanisch gesehen in Wirklichkeit Dornen!

Epidermis:
Oberhaut des oberirdischen Pflanzenkörpers.

Epiphyten:
Nicht parasitisch lebende Pflanzen auf Bäumen (also nicht schmarotzend!).

Fungizide:
Mittel zur Bekämpfung von Pilzerkrankungen.

Gattung:
Eine meist mehrere Arten umfassende Artengruppe. Der Gattungsname wird stets groß geschrieben (z. B. *Gymnocalycium*).

generative Vermehrung:
Geschlechtliche Vermehrung: durch Samen.

Glochiden:
Winzige Dornen, die mit mikroskopisch kleinen Widerhäkchen besetzt sind. Sitzen meist in dichten Polstern auf Opuntien, z. B. *Opuntia microdasys*.

Habitus:
Das allgemeine, äußere Erscheinungsbild einer Pflanze.

Hybride:
Kreuzungsprodukt aus zwei Pflanzen unterschiedlicher Art; Mischling, Bastard, Varietät, usw.

Insektizide:
Mittel zur Abtötung von Schadinsekten.

Leitbündel:
Stränge zwischen Pflanzensproß und Wurzel, die der Wasser- und Nährsalzzuführung (Gefäßteil, Xylem) sowie der Assimilatverteilung (Siebteil, Phloem) dienen.

Luftwurzeln:
Besonders bei epiphytischen oder kletternden Kakteen bilden sich an den oberirdischen Sproßteilen Luftwurzeln, die wieder wurzeln wollen.

Mikroklima:
In kleinen Lebensräumen entstehendes Klima.

monstroser Wuchs:
Anormaler, unregelmäßiger Wuchs, z. B. *Cereus peruvianus* var. *monstrosus* (Felsenkaktus).

Morphologie:
Lehre von der äußeren Gestalt, vom Bau, den grundlegenden Bauplänen einer Pflanze.

Mutation:
Spontane, vererbbare Veränderung einer Erbanlage; wird im Rahmen der Mutations-Züchtung auch künstlich ausgelöst.

Nomenklatur:
Wissenschaftliche Namensgebung bei Pflanzen und Tieren, die nach festgelegten Nomenklaturregeln erfolgt.

nomen nudum:
n. n., ein Namen ohne gültige, dazugehörende Diagnose oder Beschreibung.

Ovarium:
Unterster Teil der Kakteenblüte, der im Inneren die Samenanlagen enthält, Fruchtknoten.

Pericarpell:
siehe Ovarium.

Petalen:
Innere Blütenblätter einer Blüte, Kronblätter.

Photosynthese:
Umwandlung von Lichtenergie mit Hilfe des Chlorophylls zu chemischer Energie, die dazu dient, notwendige Kohlenhydrate aus Kohlendioxid und Wasser aufzubauen.

Phototropismus:
Blätter, Triebe und Blüten neigen sich zum Licht, vor allem bei Pflanzen zu bemerken, die auf einer Fensterbank gepflegt werden.

Physiologie:
Lehre von den Lebenserscheinungen (Funktionen, Reaktionen) und Lebensvorgängen innerhalb der Pflanze.

Pikieren:
Verziehen oder Vereinzeln kleiner Sämlinge.

Resistenz:
Widerstandsfähigkeit gegen Krankheiten; bei Insekten: Widerstandsfähigkeit gegen gewisse, häufig angewandte Insektizide.

Rippen:
Leistenartige, senkrecht verlaufende, vorspringende Verdickungen des Kakteenkörpers.

selbstfertil:
Mit eigenem Pollen bestäubungs- und befruchtungsfähig.

Sepalen:
Äußere Blütenhüllblätter, Kelchblätter.

Sukkulenten:
Wasserspeichernde Pflanzen aus verschiedenen Pflanzenfamilien.

Terminologie:
Fachsprache

Varietät:
var., Varietäten unterscheiden sich nur gering von einer Art, sie bilden deshalb eine systematische Einheit unter der Artbezeichnung.

Vegetationsperiode:
Wachstumszeit

Vegetationsscheitel:
Auch Vegetationspunkt! Triebspitze einer Pflanze.

Vegetative Vermehrung:
Ungeschlechtliche Vermehrung, durch Seitensprosse, Kindel, Teilung, Pfropfen, usw.

Xerophyten:
Pflanzen, die durch ihren morphologisch-anatomischen Bau lange Trockenzeiten ertragen können. Dies müssen nicht immer Sukkulenten sein.

zygomorphe Blüten:
Blüten mit einer Symmetrieebene, Rücken- und Bauchseite unterschiedlich, z. B. *Schlumbergera*.

Wichtige Adressen für Kakteensammler

Vereine für Kakteenfreunde

In der Bundesrepublik Deutschland, in Österreich und in der Schweiz arbeiten einige aktive Liebhabergesellschaften, die angehenden und bereits erfahrenen Kakteenfreunden gerne mit Rat und Tat behilflich sind. Nachstehend die wichtigsten Adressen:

Bundesrepublik Deutschland:

Deutsche Kakteen-Gesellschaft e. V.
Nordstr. 18
2882 Ovelgönne 2
Fachzeitschrift: 12 × pro Jahr

INTERNOTO
Internationale Gesellschaft der Notokakteen-Freunde e. V.
Norbert Gerloff
Mauserstr. 17
7140 Ludwigsburg 8
und
Holger Dopp
Weillinde 8
7246 Empfingen/Freudenstadt
Fachzeitschrift: 4 × pro Jahr

Arbeitskreis für Mammillarien-Freunde e. V.
Marientalstr. 70/72
4400 Münster
Fachzeitschrift: 6 × pro Jahr

Schwarzwälder Kakteen- und Sukkulenten-Freunde e. V.
Weillinde 8
7246 Empfingen/Freudenstadt

Deutsche Demokratische Republik:
Kulturbund der DDR,
Zentraler Fachausschuß Kakteen - Sukkulenten,
Lutz Tenne,
Kamenzer Str. 33
DDR-8514 Pulsnitz
Fachzeitschrift: 4 × pro Jahr

Österreich:
Gesellschaft Österreichischer Kakteenfreunde,
Dornbach 62
A-2392 Sulz/Wienerwald

Schweiz:
Schweizerische Kakteen-Gesellschaft,
Spalierweg 5,
CH-5300 Turgi

Wenn Sie, lieber Leser und Kakteenfreund, spezielle Fragen und Wünsche haben, wenden Sie sich direkt an den Autor, der Ihnen gerne weitere Auskünfte erteilt oder auch Adressen vermittelt: **Holger Dopp, Weillinde 8, D-7246 Empfingen/Freudenstadt**
Fügen Sie Ihrem Schreiben einen adressierten und frankierten Freiumschlag bei.

Wichtige Bezugsquellen für Kakteen und andere Sukkulenten, für Saatgut, Zubehör und Literatur

Andreae, Dieter, (Pflanzen und Samen),
D-6111 Otzberg-Lengfeld;

Bisnaga Kakteen-Kulturen, (Pflanzen),
D-6749 Steinfeld;

Bleicher-Kakteen,
D-8721 Schwebheim;

Bruch, Karl, Mexiko-Kakteen-Zentrum,
(Pflanzen),
D-5440 Mayen/Eifel

Finckenstein, Mareike von, (Pflanzen),
D-4803 Steinhagen-Brockenhagen;

Flora-Buchhandel, (Literatur),
D-7820 Titisee-Neustadt;

Gantner, Maria, (Erden und Zubehör),
D-7504 Weingarten/Karlsruhe;

Gosch-Kakteen, (Pflanzen),
D-2300 Kiel;

Kakteen-Centrum-Oberhausen, (Pflanzen),
D-4200 Oberhausen-Alstaden;

Kakteen-Gärtnerei »Klein-Mexiko«,
D-2067 Reinfeld/Holstein;

Kakteen-Zentrale Wessner, (Pflanzen),
D-7553 Muggensturm/Baden;

Köhres, G., (Pflanzen u. Samen),
D-6106 Darmstadt-Erzhausen;

König, Friedl, (Zubehör),
D-7770 Überlingen;

Köpper, Jörg, (Literatur, Zubehör),
D-5600 Wuppertal;

Kriechel-Kakteen, (Pflanzen),
D-5442 Mendig-Niedermendig;

Meyer, Manfred, (Zubehör),
D-6368 Bad-Vilbel-Heilsberg;

Nordmann-Kakteen,
D-4712 Werne;

Piltz, (Pflanzen und Samen),
D-5160 Düren-Bürgel;

Schaurig, Sieghart, (Zubehör, Literatur,
Pflanzen),
D-6424 Grebenhain 2;

Schenkel, A., (Samen),
D-2000 Hamburg 55;

Schleipfer, Max, (Pflanzen),
D-8902 Neusäß/Augsburg;

Schultz-Kakteen,
D-6761 Standenbühl;

Seipel, H. G., (Pflanzen),
D-7583 Ottersweier-Unzhurst;

Specks, Ernst, (Pflanzen),
D-5140 Erkelenz-Golkrath;

Staudenanzucht unterm Stoppelsberg
M. Leue, (Pflanzen),
D-6419 Haunetal;

Sukkulentenkulturen Wieland,
D-6200 Wiesbaden-Sonnenberg;

Uhlig, K. H., (Pflanzen und Samen),
D-7053 Kernen;

Welter-Kakteen,
D-5400 Koblenz-Ehrenbreitstein;

Ziegan, (Literatur),
D-1000 Berlin 30.

Diese Aufzählung kann selbstverständlich nur einen ungefähren Überblick in das gegenwärtige Angebot an Spezialgärtnereien und Zubehör-Lieferanten geben. Es fehlen z. B. unter anderem sämtliche Gärtnereien, die nur an Wiederverkäufer liefern sowie Gewächshauslieferanten.

Ergänzende Literatur zum Thema Kakteen und andere Sukkulenten

ANDERSOHN, GÜNTER, 1982:
Kakteen und andere Sukkulenten,
Niedernhausen, Falken-Verlag GmbH.

CULLMANN, WILLY, ERICH GÖTZ, GERHARD GRÖNER, 1984:
Kakteen,
Stuttgart, Ulmer-Verlag.

GRUNERT, CHRISTIAN, GEORG VIEDT, HANS GÜNTER KAUFMANN, 1977:
Kakteen und andere schöne Sukkulenten,
Berlin, VEB Deutscher Landwirtschaftsverlag.

HAAGE, WALTHER, 1981:
Kakteen von A-Z,
Leipzig, Radebeul, Neumann-Verlag.

HAUSTEIN, ERIK, 1983:
Der Kosmos-Kakteenführer,
Stuttgart, Franckh'sche Verlagsbuchhandlung.

HECHT, HANS, 1982:
Handbuch der Kakteen,
München, BLV Verlagsgesellschaft.

HERBEL, DIETER, 1978:
Alles über Kakteen,
München, Südwest Verlag.

JACOBSEN, HERMANN, 1981:
Das Sukkulentenlexikon,
Stuttgart, Gustav Fischer Verlag.

KÖHLEIN, FRITZ, 1984:
Freilandsukkulenten,
Stuttgart, Eugen Ulmer.

KÜMMEL, FRITZ, KONRAD KLÜGLING, 1987:
Winterharte Kakteen,
Melsungen, J. Neumann-Neudamm.

RAUH, WERNER, 1979:
Die großartige Welt der Sukkulenten,
Berlin u. Hamburg, Verlag Paul Parey.

RAUH, WERNER, 1979:
Kakteen an ihren Standorten,
Berlin u. Hamburg, Verlag Paul Parey.

ROWLEY, GORDON, 1979:
Kosmos-Enzyklopädie der Sukkulenten und Kakteen,
Stuttgart, Franckh'sche Verlagshandlung.

Verzeichnis der im Text aufgeführten Pflanzennamen

A*canthocalycium* 47
Acanthocalycium klimpelianum 54
Aeonium 48
Agave 11, 44, 48
Agave lechuguilla 49
Agave mecalacantha 49
Agave palmeri 49
Agave parryi 49
Agave schottii 49
Agave toumeyana 49
Agave utahensis 49
Agave victoriae-reginae 46, 55
Aizoaceae 12
Aloë 11, 48
Aporocactus 36, 47
Aporocactus conzatti 55
Aporocactus flagelliformis 55, 56
Aporocactus leptophis 55
Aporocactus mallisonii 55
Aporocactus martianus 55
Ariocarpus 28, 48
Asclepiadaceae 12
Astrophytum 28, 47, 57
Astrophytum myriostigma 55
Austrocactus hibernus 49
Austrocactus patagonicus 49
Austrocylindropontia verschaffeltii 49
Aztekium 48

B*orzicactus* 47
Buiningia 48
Burchell 68

C*actaceae* 11
Caralluma 48
Cereus 35, 41, 47
Cereus jamacaru 35, 49
Cereus peruvianus 35, 49
Cereus peruvianus var. monstrosus 82
Chamaecereus 28, 47
Cleistocactus 28, 47
Cleistocactus strausii 36, 56
Cochemiea halei 58
Cochemiea setispina 19, 57
Columbus 70, 73
Conophytum 44
Copiapoa 28, 48
Coryphantha 28, 48
Coryphantha chlorantha 23, 49
Coryphantha vivipara 49
Crassula 34, 48
Crassulaceae 11, 12
Cryptocereus anthonyanus 58
Cylindropuntia whipplei 49

D*elosperma* 48
Delosperma aberdeenense 49
Delosperma cooperi 49, 59
Delosperma lineare 49
Discocactus 28, 29, 44, 48
Dolichothele 48

E*cheveria* 12, 34, 48, 59, 59
Echinocactus 28, 47
Echinocactus grusonii 60, 61
Echinocereus 28, 44, 47

Echinocereus coccineus 49
Echinocereus fendleri 23, 49
Echinocereus martinii 49
Echinocereus mojavensis 23, 49
Echinocereus pectinatus 49
Echinocereus pentalophus var. procumbens 61, 62
Echinocereus purpureus 49
Echinocereus reichenbachii 23
Echinocereus salm-dyckianus 62
Echinocereus triglochidiatus 23, 49
Echinocereus viridiflorus 49
Echinofossulocactus 28, 47
Echinopsis 21, 28, 41, 47, 63
Encephalocarpus 48
Epiphyllum 22, 27, 28, 29, 41, 42, 44, 47, 64
Epithelantha 48
Eriocereus 47, 58, 75
Eriocereus bonplandii 35, 49
Eriocereus jusbertii 35, 35, 49
Escobaria 48
Escobaria missouriensis var. missouriensis 49
Escobaria vivipara 12, 23, 49
Espostoa melanostele 65
Eulychnia 48
Euphorbia 11, 22, 48
Expostoa 28

Faucaria 48
Fechser 67
Ferocactus 22, 28, 47
Frailea 47

Gasteria 11, 48
Glochiden 72
Graptopetalum bellum 66
Gymnocalycium 28, 35, 47
Gymnocalycium doppianum 67

Haageocereus 47
Haworthia 48
Huernia 48
Hylocereus 47
Hylocereus trigonus 35
Hylocereus undatus 35

Kalanchoë 34, 48
Kiesling 67

Lau 66
Leuchtenbergia 48
Leuchtenbergia principis 67, 68
Lewisia 49
Lithops 48, 68
Lobivia 28, 44, 47
Lobivia pentlandii 53, 68
Lophophora 48

Maihuenia patagonica 12, 48
Maihuenia poeppigii 49
Mammillaria 28, 41, 47, 81
Mammillaria elongata 35
Mammillaria hahniana 69, 70
Mammillaria halei 58
Mammillaria prolifera 69, 70
Matucana 48
Matucana paucicostata 79
Melocactus 22, 28, 29, 44, 45, 48, 70
Melokaktus 81

Neobesseya 28, 47
Neobesseya missouriensis 23
Neobesseya similis 23
Neobuxbaumia 47
Neolloydia 48
Neoporteria 28, 47
Notocactus 28, 47
Notocactus mueller-moelleri 70, 71
Notocactus uebelmannianus 71, 72

Obregonia 48
Opuntia 21, 41, 44, 47, 47
Opuntia armata 48
Opuntia basilaris 49
Opuntia bergeriana 35
Opuntia clava 49
Opuntia compressa 23
Opuntia darwinii 12
Opuntia engelmannii 48
Opuntia engelmannii var. discata 23, 48
Opuntia erinacea 48
Opuntia fragilis 12
Opuntia grandis 49
Opuntia humifusa 12, 23, 48, 49, 72, 73
Opuntia hystricina 48
Opuntia juniperina 23, 48
Opuntia leucotricha 73
Opuntia microdasys 82
Opuntia phaeacantha 23, 48

Opuntia polyacantha 12, 23, 48
Opuntia rhodantha 23, 49
Opuntia rubiflora 48
Opuntia rufila 48
Opuntia sphaerocarpa 48
Opuntia xanthostemma 23, 48
Oreocereus 47
Orostachys spinosus 23, 49, 74
Oroya 28, 47

P*achypodium* 48
Parodia 28, 41, 47, 74, 75
Parodia gigantea 75
Parodia minima 75
Pediocactus 48
Pediocactus bradyi 49
Pediocactus knowltonii 49
Pediocactus simpsonii 49
Peireskia 47
Peireskia aculeata 77
Peireskiopsis 36, 47
Peireskiopsis velutina 35
Pelecyphora 48
Pelecyphora aselliformis 75
Pelecyphora aselliformis var. albiflora 75
Pfeiffera 47
Pleiospilos 48
Pterocactus australis 12
Pterocactus skottsbergii 49

R*ebutia* 28, 47, 47, 75, 76
Rhipsalidopsis 35, 36, 41
Rhipsalis 12, 27, 28, 45, 47

S*ansevieria* 22, 48
Schlumbergera 35, 36, 41, 42, 44, 45, 48, 76, 77, 83
Sclerocactus whipplei 49
Sedum 23, 34, 48, 49
Selenicereus 48, 58
Selenicereus grandiflorus 35, 35
Selenicereus pteranthus 35
Sempervivum 23, 23, 49
Senecio 48
Setiechinopsis 48
Setiechinopsis mirabilis 41, 77
Stapelia 48, 78
Strombocactus 48
Submatucana paucicostata 31, 78
Sulcorebutia 28, 48
Sulcorebutia verticillacantha 79

T*abernaemontanus* 70
Tephrocactus 28
Tephrocactus darwinii 49
Thelocactus 28, 48
Thelocactus lophothele 80
Toumeya 48
Trichocereus 28, 35, 41, 48, 58, 75
Trichocereus bridgesii 35, 49
Trichocereus candicans 35
Trichocereus macrogonus 34, 49
Trichocereus pachanoi 35, 49
Trichocereus spachianus 49
Trichodiadema 48
Turbinicarpus 28

Ü*belmann* 71
Uebelmannia 48

W*eingartia* 48
Wilcoxia 36, 48

Y*ucca* 48, 49
Yucca glauca 49

Sachregister

(Begriffe, die im Verzeichnis der wichtigsten Fachausdrücke auf den Seiten 81 bis 83 erläutert werden, sind mit einem * gekennzeichnet)

Ableger 32
Adresse 83
Agaven 24
Arbeitskalender, monatlicher 44
Areolen 81
aride Gebiete 81
Ariocarpus 24
Art 81
Astrophytum 24
Aussaat 31
Axillen* 81
Axillenwolle* 81

Backeberg 12
Balkon 22
Beizen* 81
Beizung 31
Bezugsquelle 86
Biotop* 81
Blattlaus 39
Blumenfenster 22
Blütenknospen, Vertrocknen von 42
Bodenfeuchtigkeit 26
Brennflecken-Krankheit 41
Burchell 68

C*ephalium** 81
Chinosol 32
Chlorophyll* 81
Chlorose* 81
Columbus 70, 73
Crassula 39
Cristate* 81
Cristatform 49

Delrue 50
dichotomische Teilung* 81
Dorn* 81
Düngung 27

E*chinocereus salm-dyckianus* 62
Echinopsis 24, 63
Engler 16
*Epidermis** 81
Epidermis, Verbrennen der 42
Epiphyllum 38
*Epiphyten** 81
Erkrankung, pilzliche 41
Espinal-Klima 14
Etikettieren 17
Euphorbia 39

Fachausdrücke 81
Fechser 67
Fenstersims 22
Frühbeet 20
Fungizide* 81
Fusarium 41

Garten 23
Garua-Klima 14
Gattung* 81
Gattung, empfehlenswerte 46
generative Vermehrung* 81
Gewächshaus 19
Giardino Hanbury 51
Glochid* 82

Habitus* 82
Helminthosporium 41
von Humboldt 65
Hybride* 82

Importpflanze 29
Insektizide* 82

Jardin Exotique 6, 50

Kakteensammlung 50
Kellerassel 39
Kiesling 67
Klimaverhältnis 13
Klimazone 13
Knospenfall 42
Korkwucherung 41
Krankheit 37
Kugelassel 39

Lau 65
Leitbündel* 82
Les Cèdres 50
Linné 16
Literatur 86, 89
Luftfeuchtigkeit 26
Luftwurzel* 82

Marimurtra 50
Mauerassel 39
Mesquite-Klima 14
Mikroklima* 82
monstroser Wuchs* 82
Morphologie* 82
Mutation* 82

Nematode 39
Nomenklatur* 16, 82
nomen nudum* 82
Notocactus haselbergii 4

Opuntia 38
Ovarium* 82

Palmengarten 51
Pécheret 50
Peireskia 39
Pelargonium 39
Pericarpell* 82
Petalen* 82
Pflege 19
Pfropfmethode 34
Pfropftechnik 35
Photosynthese* 82
Phototropismus* 82
Physiologie 82
Phytophthora 41
Pikieren 82
Pinya de Rosa 50

Rebut 76
Regengebiet, gemäßigt warm 16
Regengebiet, tropisch 16
Resistenz 82
Rhizoctonia 41
Rippe 82
Rivière 50

Saatgut 86
Sämlingspfropfung 36
Schädling 37
Schädling, tierisch 38
Schildlaus 38
Schnecke 39
Schwarzflecken-Krankheit 41
selbstfertil 82
Senecio 39
Sepalen 82
Spaltpfropfung 35
Spinnmilbe 38
Steckling 32
Substrat 23
Sukkulente 11, 82
Sukkulentensammlung Zürich, städtische 51

Tabernaemontanus 70
Temperatur 27
Terminologie 82
Trauermücke 32, 39
Trockengebiet 13

Übelmann 71
Umtopfen 25

Varietät 82
Vegetarische Vermehrung 82
Vegetationsperiode 82
Vegetationsscheitel 82
Vereine für Kakteenfreunde 83
Verfärbung, gelblich 42
Verfärbung, rötlich 42
Vermehrung 31

Washingtoner Artenschutzabkommen 53
Weihnachtskaktus 77
Weiße Fliege 39
Wurzellaus 38

Xerophyt 11, 82

Zubehör 86
zygomorphe Blüte 83